Jakob Streit

Ziehet hin ins Gelobte Land

ZIEHET HIN INS GELOBTE LAND

Der Weg des Volkes Israel
von Abrahams Berufung bis zu Davids Traum

Biblische Geschichten
nacherzählt von
Jakob Streit

Mit Illustrationen von
Herbert Holzing

Verlag Freies Geistesleben

ISBN 978-3-7725-2086-0

Neuausgabe (4. Auflage) 2010

Verlag Freies Geistesleben
Landhausstraße 82, 7090 Stuttgart
Internet: www.geistesleben.com

Einbandillustration: Herbert Holzing
Druck: DZA Druckerei zu Altenburg GmbH
Printed in Germany

INHALT

Josef

Moses

Josua

Saul und David

Abraham

König Nimrod

Nach der Sintflut breiteten sich die Menschen in der neuen Welt aus. Alle redeten sie dieselbe Sprache, die Sprache Noahs. Zu der Zeit galt die Sprache als heilig. Keiner, der unter dem Regenbogen der neuen Welt geopfert und gebetet hatte, fluchte und missbrauchte sie.

Aber die Menschen wurden wieder zahlreicher auf Erden. Als Noah und alle, die mit ihm in der Arche gerettet wurden, verstorben waren, riefen die Menschen nach einem König, der sie regieren sollte. Zu der Zeit gab es einen mächtigen Jäger, groß und kräftig von Leibesgestalt. Er trug ein Kleid, das war zusammengenäht aus Fellstücken von zwölf wilden Tieren, die er getötet hatte. Dieser Jäger hieß Nimrod.

Viele sprachen: «Nimrod soll unser König sein; der ist groß und stark und besiegt jeden Gegner im Kampfe.» Sie kamen zu Nimrod und riefen: «Sei du unser König! Befiehl uns, wir werden gehorchen!» Da sie alle vor ihm das Haupt beugten, richtete er sich hoch auf und sprach: «Ich will euer König sein, wenn ihr alles tut, was ich befehle.» Als Erstes befahl er: «Baut mir einen Palast und einen hoch aufgerichteten Thron.» Im Lande herum begann sich alles Volk zu regen.

Sie bauten den Palast und bauten eine große Stadt um diesen herum. Der Thron wurde aus Stein gemeißelt und hatte vier Säulenfüße nach den vier Richtungen der Welt. Doch Nimrod sagte nach sieben Tagen: «Der Thron ist mir zu niedrig.» Da stellten die Bauleute auf den steinernen einen hölzernen Thron, verziert mit vielerlei Tierbildern. Nimrod setzte sich darauf und regierte. Nach einem Monat sprach er: «Das Holz ist mir zu weich!» Da gossen die Bauleute einen eisernen Thron, setzten ihn obenauf und errichteten von hinten eine Treppe, damit der König hinaufsteigen konnte. Nimrod setzte sich auf den eisernen Thron und regierte. Nach einem halben Jahr sprach er: «Der ist mir zu finster!» Da gossen sie für ihn einen kupfernen Thron, rieben ihn mit feinem Sand, dass das Kupfer rötlich glänzte, und setzten ihn obenauf. Nimrod fand ihn gut und regierte darauf ein Jahr. Eines Tages, als er einen Zorn hatte, schrie er: «Der Thron ist mir zu rot!» Da fertigten die Silberschmiede einen silbernen Thron und polierten ihn, dass er glänzte wie der Mond in der Nacht. Nimrod setzte sich darauf und regierte. Nach zwei Jahren sprach er: «Ein goldener Thron ist mir lieber!» Da mussten seine Knechte von nah und fern Gold zusammenbringen. Die Goldschmiede formten den Thron; der glänzte wie die Sonne und brauchte nicht poliert zu werden. Die Bauleute mussten die Treppe zum Hinaufsteigen wiederum höher machen. Sie sprachen unter sich: «Jetzt hat er genug. Höher kann der Thron nicht gebaut werden, sonst ist er an der Decke oben.» Nimrod setzte sich auf den goldenen Thron und regierte. Wer vor den Thron trat, musste sich niederwerfen und laut rufen, damit die Stimme oben vom König verstanden wurde. Nach drei Jahren befahl Nimrod: «Die Goldschmiede sollen mir den goldenen Thron mit Edelsteinen verzieren, damit es glänzt wie am Sternenhimmel!» Als Nimrod nun auf diesem Thron saß und er ihn weder höher noch schöner machen lassen konnte, kam er auf einen anderen Gedanken.

Der Turm zu Babel

Im Schlafe hatte König Nimrod oft seltsame Träume, die ihm ein abgefallener böser Geist zuhauchte. Sein Name war *Sandalphon.* Er flüsterte Nimrod zu: «Baue einen Turm so hoch bis an das Himmelsgewölbe. Stelle mein Bild in den Turm, so will ich deine Stadt vor Feuerregen und Wasserflut beschützen. Feuer kann dem Turme nichts anhaben, und vor Wasser kannst du dich auf den Turm retten.» Und der böse Geist hauchte weiter. Nimrod träumte, er steige mit seinen Kriegern auf den Turm hinauf, um oben die Himmelswelt zu erstürmen. Seine Soldaten schossen zuoberst Pfeile in die Höhe, die fielen blutgefärbt hernieder. Er hatte aber auch einen sanften Traum: Er sah, wie ein großes Licht auf den Turm herniederleuchtete und sich in alle Richtungen der Welt verzweigte.

Als Nimrod solche Träume hatte, dachte er: ‹Der Turm wird mir noch größere Macht und Ruhm bringen als mein Thron.› Er ließ alle Baumeister des Landes vor sich kommen und befahl: «Baut mir einen Turm so hoch bis an den Himmel hinauf. Ich gebe euch über alles Volk Gewalt, dass sie Lehm zu Ziegelsteinen kneten und brennen bei Tag und Nacht, seien es Männer, Frauen, Kinder oder alte Leute. Wer sich der Arbeit widersetzt, ist des Todes!»

Die Ausrufer des Königs Nimrod riefen das Volk zur Arbeit. Sie verkündeten: «Wer am Turm mitbaut, wird großen Gewinn haben und eines Tages in den Himmel steigen können.» Tag und Nacht brannte das Feuer in den Ziegelöfen, um die aus Lehm gekneteten Stücke hart zu glühen zu Backsteinen.

Und die Leute waren ganz besessen von dem Gedanken an den Turm. Wenn einem ein Ziegel aus der Hand fiel und entzweibrach, so beweinten sie den Verlust. Stürzte ein Mensch aus Missgeschick vom Turm und war tot, lachten sie nur und warfen seinen Leib in den nächsten Ziegelofen. Nimrod gebot: «Baut in der Mitte des Turmes einen Sockel. Setzt für den Gott *Sandolphon* ein Standbild darauf. Man soll es weit im Lande herum sehen und verehren!» Da fingen die Steinhauer an, ein riesiges Fratzengesicht aus Stein zu meißeln, um es später oben im Turme aufzustellen.

Die Geburt des Abram

Nimrods Soldaten und Knechte hatten einen Hauptmann mit Namen *Tarah*. Dessen Frau gebar einen Knaben. Tarah gab ihm den Namen Abram. In der Geburtsnacht hatte der Hauptmann Nimrods Zauberer und Wahrsager zu sich ins Haus eingeladen. Sie sollten in der Geburtsstunde die Sternenschrift am Nachthimmel lesen und deuten, was für ein Leben das neugeborene Kind haben würde. Als der Knabe geboren war, erblickten die Wahrsager am Nachthimmel einen großen, fahrenden Stern, der in viele kleine Sternchen zerstrahlte. Darüber wunderten sich die Sterndeuter sehr. Sie sprachen zu Tarah: «Dieser Knabe wird sehr mächtig werden und Vater eines ganzen Volkes sein.» Als sie mitten in der Nacht zum Palaste des Nimrod zurückkehrten, sprachen sie untereinander: «Wir sollten diese Geburt dem König Nimrod anzeigen. Wenn wir es ihm verheimlichen und er erfährt davon, sind wir des Todes.»

Am anderen Tag traten die Weisen vor Nimrods Thron, fielen nieder und berührten mit der Stirn den Boden. Dann sprach ihr Wortführer: «Es lebe der König! Heute Nacht, oh

König, ist deinem Hauptmann Tarah ein Sohn geboren worden. Er hat uns in sein Haus geladen. Wie die Geburt geschehen war, hoben wir unsere Augen auf zum Nachthimmel und sahen, wie ein fahrender Stern aufleuchtete und sich in viele kleine Sternchen zerteilte. Tarahs Sohn wird groß und mächtig werden und Vater oder König eines Volkes sein.» Da fragte Nimrod: «Sollte er mir gefährlich werden?» Der Oberweise antwortete: «Es kann wohl sein, dass dir Übles von ihm zukommt. Gefällt es dem König, so zahle er dem Vater einen Preis, und wir wollen den Knaben töten, bevor er dir gefährlich wird.»

Nimrod ließ Tarah zu sich rufen. «Mir ist gesagt worden, dass dir in der vergangenen Nacht ein Knabe geboren wurde. Es sind nach seiner Geburt Zeichen am Himmel gesehen worden. Gib mir diesen Knaben, dass ich ihn beiseite schaffe, bevor mir Übles von ihm zukommt. Ich gebe dir, Tarah, guten Preis in Silber und Gold.»

Tarah wusste, dass Nimrod keine Widerrede ertrug. Er antwortete: «Alles, was mein ist, gebe ich in die Hand des Königs. Aber gib mir die Gunst von drei Tagen, dass ich denen, die in meinem Haus sind, die Worte des Königs ordentlich bestelle.»

Der König erhörte Tarah und gewährte ihm drei Tage Frist, den Knaben abzuliefern. Nach Hause gekommen, richtete er seiner Frau und den vertrauten Hausgenossen den Befehl Nimrods aus. Sie gerieten in Furcht und Jammer. Am Morgen des dritten Tages pochten die Knechte Nimrods heftig an das Tor von Tarahs Haus und forderten den Knaben. – Nun hatte eine Magd in eben dieser Nacht einen Knaben geboren. Tarah ließ den Knechten Nimrods den Knaben der Magd übergeben. Nimrod warf das Kind mit Gewalt an den steinernen Thron, dass es auf der Stelle tot war.

Heimlich aber führte Tarah seine Frau mit dem Knaben Abram und einer Kinderwärterin in eine Felshöhle in der Umgebung der Stadt. Von Zeit zu Zeit brachte er Nahrung in das Versteck. Um aber kein Gerede aufkommen zu lassen, kehrte die Mutter nach einigen Tagen in Tarahs Haus zurück und ließ die Amme mit dem Knäblein in der Höhle allein zurück.

Doch dem bösen Geist Sandalphon war nicht verborgen, dass Abram am Leben geblieben war. Er sandte Nimrod einen Traum. Dem König erschien ein Knabe, der wuchs vor seinem Throne hoch wie ein Baum und stürzte den siebenfachen Thron zur Erde. Und eine scharfe Stimme flüsterte: «Nimrod, sieh zu, der Knabe Abram lebt. Von ihm droht dir Gefahr!» Als Nimrod erwachte, sauste es ihm in den Ohren vom Klang der Stimme. Er befahl seinen Knechten, alle neugeborenen Knaben in der Stadt umzubringen, die einen Monat oder weniger alt wären. Das vollführten die Knechte mit grausamem Schwert. Doch dem bösen Geist Sandalphon war das Versteck des Abram verborgen; denn der Lichtglanz des Erzengels Gabriel umleuchtete den Knaben. Durch dieses Licht konnte Sandalphon ihn nicht schauen und ihn nicht finden, so viel er auch im Lande herumforschte.

Von Zeit zu Zeit besuchte die Mutter ihren Knaben in der Höhle, brachte Speise und Kleidung. Der böse Geist Sandalphon gab keine Ruhe. Er wusste, dass Abram lebte, aber nicht wo. So erschien er dem Nimrod abermals im Träume und flüsterte: «Abram lebt und wird deinen Thron stürzen, wenn du ihn nicht unschädlich machst. Sende deine Krieger aus, ihn in seinem Versteck aufzustöbern!» Nimrod befahl seinen Kriegsknechten, den Knaben Abram erneut zu suchen und ihn lebendig vor ihn zu bringen; denn er wollte gewiss sein, diesmal den Richtigen zu töten.

Am Hange des Höhlenhügels spielte Abram mit Hölzchen und Steinchen. Plötzlich erblickte er im Tal einen Trupp von Männern, die aufwärts zum Hügel den Weg nahmen. Da begann in der Luft ein starkes Brausen. Abram kroch in seine Höhle zurück. Draußen senkte sich eine Nebelwolke hernieder und hüllte die Krieger ein, dass sie jede Richtung verloren. Sie zerstreuten sich, rannten wiederum gegeneinander, traten sich auf die Füße, sodass Schrecken vor dem ungewohnten Geschehnis sie ergriff. Alle flüchteten abwärts zu Tal. Erst unten in der Ebene verlor sich der Nebel, und sie kehrten unverrichteter Dinge zu Nimrod zurück.

Als Abram so weit herangewachsen war, dass er gehen konnte, nahm ihn der Engel Gabriel an der Hand und brachte ihn weit fort zu *Sem*, dem Sohne Noahs, der in der Einsamkeit lebte. Dort wuchs er auf in der Fürsorge und Weisheit des Sem. Der Mutter des Abram gab der Engel ein Zeichen, dass er den Knaben in seinen Schutz genommen habe. Er tröstete sie aus der Kraft seines Lichtes, und im Vertrauen erzählte sie Tarah von der wunderbaren Rettung des Knaben.

Abram und Nimrod

Die Jahre gingen ins Land, und Abram wuchs zum Jüngling, zum Manne heran. Auf Sems Geheiß kehrte er zurück nach der Stadt Babel zu Nimrod. Als unbekannter Fremdling trat er in den Vorhof des Palastes. Hier hatte Nimrod steinerne Götzenbilder aufstellen lassen, die das Volk anbeten musste. Abram überlegte: «Wenn ich bitte, man soll mich vor den König führen, würde man mich ausspotten und fortjagen. Wenn ich eines der üblen Götzenbilder stürzte, wird es große Aufregung geben. Man wird mich vor Nimrod bringen, und ich kann mit ihm reden.»

Bei einer Götzenfigur meißelte eben ein Bildhauer Zeichen in den Stein. Abram ergriff unversehens einen Hammer und schlug dem Götzenbild das Haupt vom Leibe. Den Hammer legte er ihm auf die steinernen Hände und sprach zu den entsetzten Leuten, die herbeieilten: «Wenn er ein Gott ist, mag er mich erschlagen!» Vom Geschrei aufgescheucht, rannten Wächter herbei. Sie packten Abram und führten ihn hinein in den Palast, dass er von Nimrod seine Strafe erhalte. Dem König wurde die Übeltat des unbekannten Fremden gemeldet. Sogleich ließ er ihn vorführen.

Zornig fragte Nimrod: «Wer bist du, dass du es wagst, solch vermessene Tat zu begehen?»

Der Fremde antwortete: «Ich bin Abram, der Sohn Tarahs!»

Nimrod erblasste und fragte: «Warum tust du meinen Göttern Übles? Hat sich dein Geist verwirrt?»

Abram fragte: «Welches ist dein Gott?»

Nimrod antwortete: «Das Feuer ist mein Gott!»

Abram sprach: «Das Wasser löscht das Feuer aus!»

Nimrod antwortete: «Auch das Wasser beten wir an.»

Abram sprach: «Die Wolken tragen das Wasser in sich.»

Nimrod erwiderte: «Auch die Wolken beten wir an.»

Abram sprach: «Die Winde zerstreuen die Wolken.»

Nimrod: «Auch die Winde beten wir an.»

Abram sprach: «Die Erde ist die Heimat der Winde!»

Nimrod: «Auch die Erde beten wir an!» – Zornig sprang er auf und schrie: «Wie lange willst du mich, den König, verhöhnen? Ja, das Feuer bete ich an, und durch das Feuer sollst du umkommen.»

Er befahl den Knechten, Abram in einen heißen Ziegelofen zu werfen. Er rief ihnen zu: «Haltet Wache beim Ofen bis zum Abend. Ich selber werde kommen und seine Asche in alle Winde zerstreuen.»

Die Palastwächter legten die Hände Abrams in Fesseln und führten ihn hinaus vor die Stadt, wo die Ziegelöfen glühten.

Zu dieser Zeit sprach der Engel *Gabriel* zu den Heerscharen des Himmels: «Ich will zur Erde fahren und Abram retten. Ich werde ihm das Feuer kühlen.»

Viel Volk zog mit, als Nimrods Knechte den Gefesselten durch die Straßen der Stadt zum Feuertode führten. Bei einem Glutofen hoben sie mit einer Kette den Deckel ab. Der gefesselte Abram wurde hineingeworfen.

Gleich setzten die Knechte den Deckel wieder auf. Niemand konnte von außen das Wunder sehen: Abrams Fesseln verbrannten. Doch sein Leib war von einer solchen Kühle durchdrungen, dass der Brand ihm nichts antun konnte. Die Kühle bildete um ihn her wie eine Glocke einen Schutz, dass ihm nicht ein Haar versengt wurde. Er kniete nieder in der Feuersglut. Im Gebet dankte er für die Hilfe und schenkte sein Herz dem göttlichen Willen.

Als der Abend nahte, kam Nimrod daher, um die Asche Abrams zu zerstreuen. Die Knechte legten die Hebekette an. Als der Deckel des Ofens angehoben wurde, stieg Abram, frei von Fesseln, heraus. König Nimrod wich die Kraft aus den Beinen, und er stürzte vor Schreck zur Erde. Viele Stimmen aus dem Volke riefen: «Seht Abram! Er ist heil, er ist heilig!» Als sie vor ihm auf die Knie fielen, sprach er: «Nicht vor mir sollt ihr knien, sondern vor dem Gott der Welt, der uns alle erschaffen hat. Er hat mich vor dem Feuer bewahrt.» Da hörten viele auf Abram und wollten ein besseres Leben führen.

Nach der wunderbaren Errettung begab sich Abram in das Haus seines Vaters. Nimrod ließ ihn fortan in Ruhe. Die Menschen, die weiter auf Abram hören wollten, versammelte er zu Zeiten und lehrte sie aus seiner Weisheit. Bald war es eine treue Schar, die ihr Herz wandelte und zu ihm hielt und sein Wort in ihre Herzen aufnahm.

Die Sprachverwirrung

Die Babylonier bauten weiterhin am hohen Turme, Stein auf Stein, Treppe über Treppe, Gerüst über Gerüst, immer höher empor. In einer Nacht sprach die göttliche Stimme zu Abram: «Geh' heute Abend bei Sonnenuntergang zum Turme. Es werden siebzig Engel vom Himmel herniederfahren. Sie werden den Turmbauern die Sprache verwirren; denn sie sollen zerstreut werden in alle Welt.»

Abram tat, wie ihm geheißen. Als er dem Turm entgegenschritt, sah sein Seelenauge, wie aus den Höhen des Himmels leuchtende Gestalten herniederfuhren. Es wehte und brauste ein bewegter Wind um den Turm. Plötzlich verstanden sich die Menschen bei der Arbeit nicht mehr. Rief einer nach Ziegeln, bekam er Mörtel. Verlangte einer ein Brett, bekam er einen Stein. Rief einer: «Hinaufziehen!», sauste die Last in die Tiefe. Es gab einen fürchterlichen Wirrwarrr. Man warf sich Ziegel auf die Füße, an die Köpfe. Unter den Fundamenten des Turms erbebte die Erde. Die Mauern zerbarsten mit großem Krachen. Ein Sturmwind wirbelte leere Kessel, Werkzeug und Bretter durch die Luft. Alles schrie durcheinander und flüchtete nach unten. Manch einer tat einen Misstritt, stürzte vom Turm hinunter und riss andere mit sich.

Als der Wind und das Getöse sich legten, fanden alle, die dieselbe Sprache hatten, unten auf dem riesigen Platz um den Turm herum sich in Gruppen zusammen. Inmitten aber stand Abram. Zu ihm fanden sich seine Getreuen, die auf sein Wort gehört hatten. Er gewahrte mit seinem Seherauge, wie die siebzig Engel zu den siebzig Menschengruppen kamen, die alle eine andere Sprache sprachen. Nur Abram konnte dies mit seinem geistigen Auge wahrnehmen, und er wusste: Von hier werden die siebzig Sprachstämme weggeführt in alle Welt. Siebzig Völker sollen daraus werden nach Gottes Wille. Als letzter der Engel nahte der Erzengel Michael sich dem Abram und sprach zu ihm: «Du und deine Schar, ihr dürft die alte Sprache behalten. Ich werde dich fort von Babylon in ein anderes Land führen und dir und deinem Volk eine Aufgabe für spätere Zeiten geben.»

Von König Nimrod aber war nichts mehr zu vernehmen. Vielleicht hat ihn beim Turm ein stürzender Stein erschlagen und mit seiner Herrschaft war es aus.

Abram zieht nach Kanaan

Abram zog mit seiner Menschenschar den Weg, den ihm der Engel Gottes wies. Mit ihm kamen auch seine Frau *Sarah,* sein Vater Tarah und seines Bruders Sohn *Lot.* Sie zogen durch Gebiete, wo wilde Stämme hausten, bis an die Grenze des friedlichen Landes Kanaan. Da wohnten Menschen, die Äcker bestellten und schöne Gärten bepflanzten. Bäume trugen gute

Früchte. *Haran* hieß die Gegend, sie war reich an fruchtbarem Land. Abram siedelte sich hier an. Später zog er weiter mit Lot nach Kanaan. Er baute einen Altar, um sich und die Seinen im Opferdienst immer wieder mit der göttlichen Welt zu verbinden.

Eines Nachts schlief Abram in seinem Zelt. Plötzlich erwachte er. Hatte ihn nicht jemand gerufen? Ja, aus der Tiefe der Nacht tönte durch seine Seele die Stimme Gottes. Sie sprach: «Abram, fürchte dich nicht! Tritt hinaus unter den Sternenhimmel. Sieh, ob es in deiner Kraft liegt, die Sterne zu zählen.» Als Abram draußen vor dem Zelt unter Sternen stand, sprach er: «O Herr, sie funkeln ohne Zahl!» Da antwortete die göttliche Stimme: «Siehe, Abram: Wie die Sterne am Himmel geordnet und zahlreich sind, so wird auch dein Volk und so werden deine Nachkommen zahlreich sein. Als Vater eines Volkes sollst du von nun an *Abraham* heißen!»

Da beugte sich Abraham nieder zur Erde und berührte sie in Ehrfurcht mit seinem Angesicht. Als er wieder aufblickte, fuhr ein heller Stern über den Himmel; die göttliche Stimme war verstummt. Der Morgen dämmerte. Abraham trug an dieser Stelle Steine zusammen und baute einen Altar; denn der Ort, wo Gott zu ihm gesprochen hatte galt ihm heilig. Fortan brachte er hier die Opfer dar und sprach die Gebete. Hier versammelte er sein Gesinde, sein Volk zum Opferdienst.

Die Jahre gingen vorüber. Abraham war gesegnet mit Rinder- und Schafherden. Lot, dessen Ländereien an diejenigen Abrahams angrenzten, hatte auch Schafe, Rinder, Zelte und Gesinde. Aber Lots Hirten waren faul. Ihr Vieh ließen sie überall herumweiden, wo es ihnen gerade passte. Die Hirten Abrahams blieben mit den Herden in den Grenzen und weideten nicht auf anderer Leute Boden. So gab es viel Klagen um Lot und seine Knechte. Die Hirten begannen untereinander zu streiten. Abrahams Hirten riefen: «Achtet besser auf euer Vieh, ihr schlampigen Kerle!» Lots Hirten schrien zurück: «Das Gras ist überall grün, und im Schatten eurer Bäume lässt sich gut faulenzen, ihr blöden Grenzwächter!» Da Lot seine Hirten nicht belehren konnte, sprach Abraham zu ihm: «Wir wollen keinen Zank untereinander haben. Ziehe du hinunter ins Jordantal, da findest du gutes Land genug.» Lot war einverstanden und siedelte in die Gegend von Sodom um.

Der Baum Abrahams

Wo Abraham hinkam, pflanzte er Bäume. Er liebte sie und sprach: «Bäume gehen von der Erde aufwärts und breiten oben ihre Äste aus, wie es der Opferrauch tut. Bäume sind dankbar für das Licht, und der Wind trägt ihr Blätterrauschen, ihr Blätterlied über die Erde.»

Als er einst in der Nähe seiner Hütte zu einem Bäumchen trat, das er vor Jahren gepflanzt hatte, bemerkte er eine engelhafte Gestalt, die sich in den Ästen bewegte. Eben kam ein Fremder des Weges und wanderte neben dem jungen Baum vorbei. Abraham beobachtete staunend, wie einige Äste vor dem Manne zurückzuckten. Er dachte: Was scheut das Bäumchen an diesem Manne? Er lud den Fremden zu Tisch ein und merkte bald, dass er ein Götzendiener war aus einem anderen Lande, den er an seinem Tisch speiste. Nun begann Abraham mit ihm zu reden und fragte: «Wer schuf die Sonne, die auf- und untergeht? Wer die Sterne am Firmament? Wer gab den Blumen ihre himmlischen Farben, ihren Duft? Wer setzte die Vögel in die Lüfte, die Fische ins Wasser? Wer schuf das Urbild des Menschen und gab ihm das Wunder der Sprache?» Er erzählte dem Fremden vom lebendigen Gott, der sich in aller Schöpfung der Welt offenbarte. Da öffnete dieser sein Herz den Worten und Gedanken des Gastgebers. Als er gegen Abend von Abrahams Hütte wegging und neben dem Bäumchen vorbeikam, zog es seine Äste nicht mehr zurück, und die Blätter fächelten, als ob sie Freude hätten über die heller gewordene Seele.

Einmal nahte eine alte Frau dem Bäumchen mit traurigen Augen. Es ließ seine Äste zur Erde herabhängen. Abraham sprach mit der Frau. Ihr einziges Gut, ein Esel, war ihr entlaufen. Abraham schickte Knechte aus. Sie fanden das Langohr und brachten es herbei. Als die Frau auf dem Esel beim Bäumchen vorbeiritt, hatte es die Äste erhoben, und die Blätter flatterten fröhlich im Winde.

Einmal kamen zwei Knechte vor Abraham. Sie stritten heftig um ein Messer. Jeder behauptete, es wäre seines. Abraham sagte zu dem, der es in Händen hatte: «Geh', lege das Messer dort unter den Baum!» Er tat es, und Abraham bemerkte, dass die Äste ruhig blieben. Er ließ das Messer zurückbringen und gab es dem anderen, er solle dasselbe tun. Als dieser das Messer beim Bäumchen ablegte, bewegten sich die Spitzen einiger Äste, so, wie wenn Schlänglein sich winden. Da wusste Abraham, dass der zweite Knecht log. Als dieser nun das Messer zurückbrachte, riss es Abraham ihm aus der Hand, packte ihn bei der Brust, dass das Hemd zerriss, und donnerte ihn an: «Jage die Lügen aus deinem Herzen, sie vergiften dein Blut!» Da erschrak der Knecht so sehr, dass er auf die Knie fiel und Abraham um Verzeihung bat. Nun war Abraham wieder gut zu ihm und sagte: «Lüge fortan nicht mehr! Eine wahrhafte Seele ist mehr wert als ein goldenes Messer!»

Einmal besuchte ein fremder Herr den Abraham. Er kam auf einem mageren Kamel herangeritten. Als er am Bäumchen vorüberkam, bemerkte Abraham, wie einige Blätter sich zusammenrollten, sich zusammenkrallten. Aha, dachte Abraham: Das ist ein Geiziger, und er lud ihn nicht ein, in seine Hütte einzutreten; aber er gab dem Kamel einen Korb voll Futter zu fressen.

Nun hatte Abraham einen Viehknecht, der gerne die anderen arbeiten ließ und auf der faulen Haut lag. Jedes Mal, wenn er am Baume vorbeischlenderte, fiel ein Blatt herunter, das langsam zur Erde schwebte und bald verdorrte. Aha, dachte Abraham, dem Faulen ist wieder jede Arbeit zu viel! Es hatte längere Zeit nicht geregnet, und alle Pflanzen begannen welk zu werden. Abraham rief den Faulen zu sich und sprach: «Ich habe für dich eine schöne Arbeit. Sieh, wie elend die Pflanzen und Bäume dürsten. Nimm eine Stange, binde daran zwei Lederkessel. Hol beim Brunnen Wasser. Wenn es dir gelingt, die dürstenden Pflanzen so zu begießen, dass sie sich wieder aufrichten und weitergrünen, machst du mir eine große Freude!» Der Knecht tat, wie ihm geheißen. Er goss und goss im Garten; dann legte er sich hin, um zu beobachten, ob die Pflanzen auch etwas merken ließen. Nach und nach hob diese und jene langsam Blätter und Stängel, und wie es Abend war, zeigten einige schon besseres Grün. Am anderen Tag wurde er noch eifriger und goss und goss. Als er bemerkte, wie er auch schlaffe Bäume wieder erfrischen konnte, gewann er die Arbeit lieb. Als er das besondere Bäumchen auch reichlich begoss, ließ es kein Blatt mehr fallen. Abraham lobte den Wasserträger und erzählte ihm, dass auch die Pflanzen und Bäume dankbar sind, wenn man sie pflegt. So versuchte Abraham immer wieder, die Menschen zu bessern, und aus dem faulen Viehknecht ist ein regsamer Gärtner geworden.

Besuch der drei Männer

Eines Tages begab sich Abraham aus der Hütte hinaus an die Sonne, sich zu erwärmen. Da gewahrte er von ferne drei Männer herankommen, in Farben gekleidet wie der Regenbogen. Er dachte: ‹Was mögen das für edle Wanderer sein?› Es waren drei Engel des Himmels. Sie hatten Abraham eine Botschaft zu bringen und sich in Luft- und Lichtgestalt gekleidet. Abraham ging ihnen entgegen. Je näher er ihnen kam, umso seltsamer wurde ihm. Ihre große Schönheit durchstrahlte seine Seele. Er verneigte sich ehrfürchtig und sprach: «Seid willkommen in meinem Hause! Kehrt bei mir ein als meine Gäste!» Sie dankten für den freundlichen Empfang mit einem Neigen des Hauptes. Als Abraham mit ihnen am Bäumchen vorbeischritt, neigte es grüßend die Äste bis zur Erde. Abraham bemerkte, dass das Schreiten der drei Männer kein Geräusch auf der Erde erzeugte. In ihren Stimmen tönte es wie Musik.

Er saß mit ihnen zu Tisch draußen beim Baume. Sarah brachte Brot, Milch und feine Speise, die sie bereitet hatte. Es schien, als ob die Gäste essen würden; aber Brot und Speise wurden nicht weniger. Auf einmal hob der mittlere der himmlischen Gäste die Hand und sprach feierlich: «Abraham, übers Jahr wird Sarah, dein Weib, dir einen Sohn gebären, der dir viel Freude bringen wird.» Drinnen in der Hütte hörte Sarah diese Worte und lachte. Sie dachte: ‹Ich bin doch eine alte

Frau. Habe ich als junge keine Kinder bekommen, kann es im Alter erst recht nicht sein.› Einer der Gäste sprach zu Abraham: «Warum hat Sarah gelacht? Ist denn bei Gott etwas unmöglich?»

Nach dieser Verkündigung erhoben sich die Männer, um sich auf ihren Weg zu begeben.

Beim Abschied sprach einer von ihnen: «Wir werden weiter nach der Stadt Sodom wandern. Viele Menschen verbringen dort ihr Leben in Bosheit und Gottlosigkeit. Ihre Übeltaten steigen auf zum Himmel wie Gestank. Das Wort Gottes verlästern und verspotten sie. Wehe, wehe! Es könnte Strafe über Sodom kommen!» Abraham war tief betrübt über diese Worte, denn er dachte, dass dort auch Lot lebe, der gewiss ein Gerechter war.

Übers Jahr erfüllte sich das Wort der drei Männer. Sarah gebar einen Sohn. Abraham hieß ihn *Isaak*. Weit herum sprach sich das Wunder, das hier geschehen war, damit der Stamm Abrahams weitersprossen könne.

Der Untergang der Stadt Sodom

Was war mit Sodom? Hier hatten sich böse Geister eingenistet, die den Menschen dunkle Gedanken eingaben und ihren Mutwillen anstachelten. Fremdlinge, die sich in der Stadt aufhielten, wurden ausgeraubt. Kam ein Händler von weither, um hier seine Waren zu verkaufen, holte sich jeder, was er wollte, ohne zu bezahlen. Wehrte sich der Händler für sein Gut, wurde er verspottet, geschlagen oder mit Steinwürfen zur Stadt hinausgejagt. Er konnte froh sein, das nackte Leben zu retten. Kam ein armer Bettler und bat um etwas Speise, bewarf man ihn mit Dreck und ließ ihn verhungern. Was in Sodom alles an Übeln geschah, lässt sich nicht aufzählen!

Schon längere Zeit wohnte Lot mit seiner Familie in dieser Stadt. Auch sie hatten viel zu leiden von den Stadtbewohnern. Abraham war kund geworden, dass der Zorn Gottes sich über die Stadt ergießen werde. In einer Nacht rief Abraham zu Gott:

«Herr, ich bin in Sorge um Lot und um die Menschen, die dort noch gerecht und unverdorben sind. Willst du diese mit den Übeltätern verderben? Vielleicht sind noch fünfzig Gerechte in der Stadt!» – Der Herr antwortete: «Wenn noch fünfzig Gerechte sind, will ich die Stadt nicht verderben.» Abraham dachte, es wären vielleicht nicht mehr fünfzig Gerechte, und er bat weiter, bis der Herr ihm sagte: «Und wenn noch zehn Gerechte sind, werde ich sie nicht verderben.»

Nach einiger Zeit sandte Gott zwei Engel in Männergestalt, zu sehen, ob in Sodom noch zehn Gerechte wären. Als die beiden sich dem Stadttor näherten, rastete Lot gerade dort auf einer Mauer. Er sah die edlen Männer und dachte: ‹Was werden diese Fremden in der Stadt Übles erleben!› Er trat auf sie zu und redete sie an: «Werte Fremdlinge, es wird bald Abend. Darf ich euch für heute Nacht eine Kammer in meinem Haus anbieten? Morgen früh mögt ihr eures Weges ziehen.»

Schon begannen einige Stadtleute Lot und die Fremdlinge zu umringen, und sie brauten üble Gedanken. Die beiden Männer nahmen das Anerbieten Lots an. Sie folgten ihm durch die Stadt und traten in sein Haus ein.

Der Abend dämmerte. Nirgends als in Lots Haus sahen die zwei Engel das Licht der Gerechten aufleuchten. Keine zehn waren in der Stadt zu finden. Auf einmal hörte Lot vor seinem

Haus ein Geschrei. Eine Schar Männer rottete sich draußen zusammen. Sie schrien: «Gib uns die fremden Burschen heraus. Wir wollen unseren Spaß mit ihnen haben!» Lot begab sich mutig hinaus auf die Straße und versuchte die Horde fortzuweisen. Da schrien sie noch lauter und drohten ihn zu fassen. Das Tor des Hauses öffnete sich. Die beiden Fremden holten Lot rasch herein und verschlossen das feste Tor. Nun brüllten sie draußen wie wilde Tiere, holten Stöcke herbei und Steine, die Tür einzuschlagen. Da geschah etwas!

Die beiden Engel strahlten eine unsichtbare Kraft durch das Tor. Jeder, der daran schlug, wurde es schwarz vor den Augen. Wie blind tappten sie herum und erhoben ein hilfloses Geschrei. So gab es bei Lots Haus Ruhe. Andere Banden tobten durch die Stadt und vollbrachten Übeltaten. Lot hatte wohl bemerkt, dass er himmlische Gäste beherbergte. Bevor die erste Morgenröte heraufkam, drängten die beiden Männer: «Verlass mit deiner Frau das Haus und die Stadt! Bevor die Sonne aufgeht, wird sie zerstört werden!» Da Lot noch zögerte, ergriffen die Engel ihn bei der Hand. Seine Frau und beide Töchter folgten. Ein Engel ermahnte sie: «Was auch immer geschieht, schaut niemals zurück. Es würde euch großes Unheil bringen!»

Bald erhob sich in den Lüften ein donnerndes Dröhnen. Die Erde erbebte. Roter Feuerschein flammte auf. Vom Himmel fielen sengendes Feuer und Schwefel. Feuer von unten, Feuer von oben! Sodom und die nahe Stadt Gomorrha fielen in Asche und in Trümmer. Als das Getöse und der Blitzesschein so mächtig wurden, konnte die Frau von Lot ihre Neugier nicht bezwingen. Sie blieb stehen und schaute rückwärts. Lot, die beiden Töchter und die Engel eilten weiter. Als sie endlich zu einer schützenden Felsenhöhle kamen, war die Frau von

Lot nicht mit ihnen. Sie war auf der Stelle erstarrt und hatte den Tod gefunden. So berichtete es der Engel Gottes dem Lot.

Die beiden Engel verließen nach dieser Errettung den Lot und seine beiden Töchter. Die Flüchtigen richteten sich in der Höhle ein, um nach all den Schrecknissen den Tag und die Nacht hier zu verbringen.

Abraham hatte, wenn auch von ferne, das Dröhnen und Erbeben der Erde aus der Richtung von Sodom bemerkt. Am Morgen machte er sich in der Frühe auf den Weg. Als er von einer Anhöhe hinüberschauen konnte, wo einst Sodom und Gomorrha gestanden, erblickte er aschenfarbige Haufen von Trümmern. Immer noch stiegen Qualm und Rauch auf. Als später Lot zu ihm kam, erzählte ihm dieser alles, was sich zugetragen hatte. Später sind diese Geschehnisse durch Moses aufgezeichnet worden.

Isaak

Der Knabe Isaak

Als Isaak noch ein Knabe war, aber bereits die zweiten Zähne bekommen hatte, sah er zu, wie die Mutter Sarah den Brotteig knetete. Sie gab ihm etwas Teig in eine Schüssel, damit er auch ein kleines Brot knete. Auf einmal nahm sie die Teigmulde und trug sie mit starken Armen hinaus ins Freie. Draußen schien die Sonne. Isaak lief mit seiner Schüssel hinterher. Er sah, wie die Mutter sich mit dem Brotteig auf einen Stein setzte und Worte murmelte. Da fragte Isaak: «Mutter, was redest du?» Sie antwortete: «Ich lasse die Sonne auf den Brotteig scheinen. Ich danke der Sonne; denn sie hat alle Körnlein wachsen lassen und durchwärmt, dass sie reif wurden und uns gutes Brot geben können.» Isaak sprach: «Das tu ich auch!» Gleich setzte er sich nebenan auf den Boden, faltete die Hände um seinen Teig, blinzelte zur Sonne hinauf und plapperte munter:

Sonne, Sonne scheine gut,
dass das Körnchen reifen tut;
Dank sei dir für Brot und Licht,
das sagt Isaak, das sag ich!

Sarah freute sich über den Kleinen und meinte: «Nun lassen wir den Brotteig im Hause ruhen, dann wird das Brot sicher gut schmecken.»

Ein andermal war Isaak in der Hütte allein. Auf einem kleinen Steintisch brannte die Sabbat-Kerze. Isaak guckte ins Flämmchen, wie es leicht flackerte. Mit der rechten Hand fächelte er Luft heran, und die Flamme bog sich auf die Seite. Er fächelte mit der linken Hand, und sie bog sich auf die andere Seite. Das fand Isaak so lustig, dass er immer schneller bald von links, bald von rechts Wind heranwehte und die Flamme tanzen machte. Damit nicht genug, er begann auch noch aus seinem Munde zu blasen. Das Flämmchen wusste nicht mehr, wie all den Winden zu gehorchen war und – erlosch.

In diesem Augenblick kam Mutter Sarah herein und sah den Rauch der ausgelöschten Kerze sich verflüchtigen. «Was hast du getan!», rief sie traurig. «Unser liebes, gutes Sabbat-Licht ist erloschen, ist tot!» Isaak war erschrocken. «Mutter, ich habe es nur tanzen gemacht. Es hat sich gefreut, und jetzt ist es in den Himmel getanzt. Sieh doch, die Rauchspur! Warum soll es immer hier brennen?» Da lächelte die Mutter und sprach: «Ja, einst tanzt auch unser Seelenflämmchen in den Himmel; aber jetzt wollen wir uns noch an der Erde freuen.» Sie holte mit einem Span neues Feuer in der Herdglut und entzündete die Kerze wieder. Dann sprach sie: «Wenn das Sabbat-Licht leuchtet, so denken wir an das Seelenlichtchen in uns, das auf der Erde auch ein bisschen leuchten möchte!» Das verstand Isaak, und er blies das Sabbat-Licht nie mehr aus.

Isaaks Opferung

Eine alte Sage berichtet: Von Zeit zu Zeit muss der böse Geist *Satanas* vor Gott dem Herrn erscheinen. Dann will der Böse sein Tun an den Menschen rechtfertigen. Er spottet über die Menschen und klagt sie an. Als Satanas wieder einmal sehr verächtlich von den Menschen redete, wie wenig sie ihres Schöpfers gedenken, sprach der Herr: «Kennst du nicht Abraham, den Vater Isaaks? Er ist treu und ohne Falsch. Sein Herz leuchtet hell. Er würde mir selbst sein Liebstes, seinen Sohn Isaak, zum Opfer darbringen.»

Wie Satanas das hörte, rief er: «So treu ist kein Mensch. Frage doch deinen Abraham. Du wirst sehen, er wird dir's abschlagen.»

Über eine Weile erwachte Abraham in der Nacht. Aus einem Lichtschein sprach der Herr: «Abraham, nimm deinen Sohn Isaak, den du lieb hast. Geh mit ihm zum Berge Morija. Bring ihn mir zum Opfer dar!»

Abraham erschrak. Das Wort erstarb auf seiner Zunge. Endlich stieß er hervor: «Muss – es – sein?» Doch der Herr verhüllte seine Stimme und antwortete nicht mehr. Abraham fand keinen Schlaf mehr. Als der Morgen anbrach, dachte er: ‹Was immer Gott von mir fordert, ich will es tun!› Er gebot seinem treuen Knecht Elieser: «Belade einen Esel mit Holz! Komm mit mir und Isaak auf eine Reise zum Berge Morija. Ich will dort ein Opfer richten.» Zu Sarah sprach er: «Gib Isaak ein festliches Gewand. Wir gehen auf den Berg Morija opfern.» Sarah holte ein schönes, neu gewobenes Tuch hervor und umkleidete damit ihren lieben Sohn Isaak. Sodann geleitete sie die Reisenden ein kleines Stück des Weges. Ihr Herz war seltsam schwer. Sie wusste nicht warum. Als sie sich von Isaak verabschiedete, ihn umarmte und küsste, brach sie in Tränen aus. Ihre Magd geleitete sie zurück zur Hütte.

Der Satan hatte wohl bemerkt, dass Abraham dem Worte Gottes folgte. Am ersten Tag der Reise trat er, gegen Abend, zu Abraham heran als Wanderer in der Gestalt eines alten Mannes. Er sprach zu ihm: «Ich lese in deinen Gedanken, dass du deinen einzigen Sohn dem Tode übergeben willst. Er ist die Freude deiner Augen, die Hoffnung deiner Zukunft. Das kann doch nicht Gottes Stimme gewesen sein, die da sagt: ‹Geh, töte deinen Sohn!›» Nach diesen Worten blieb der Alte zurück und ließ Abraham allein in Schmerz und Zweifel weitergehen.

Am dritten Tag, als die Reisenden unterwegs rasteten, Abraham und Elieser seitab ein wenig schlummerten, schritt ein schöner Jüngling daher und nahte sich Isaak. Er redete ihn an: «Armer Bursche, dich habe ich im Traum gesehen, und in meinen Träumen ist Wahrheit. Dein Vater hat Übles mit dir im Sinn. Er wird sein Opfermesser zücken, um dich zu opfern, zu töten. Sei auf der Hut am heutigen Tag, flieh weg von deinem Vater!» Nach diesen Worten wanderte der Jüngling weiter. ‹Merkwürdig›, dachte Isaak, ‹könnte mein Vater solches mit mir tun?›

Als Abraham und Elieser wieder erwachten und sie alle den Ort verließen, erhob sich bald vor ihren Augen der Berg Morija. Vater und Sohn schritten voraus, und Elieser folgte mit dem Esel. Abraham sprach: «Siehst du dort über dem Berge die helle Wolke?» – «Ja, Vater, ich sehe sie.» – «Darin leuchtet Gottes Licht. Lass uns nun hinaufsteigen, unser Opfer darzubringen.» Isaak trat zu Elieser und fragte: «Elieser, siehst du die Wolke über dem Berg, wie sie leuchtet und glimmt?» Elieser antwortete: «Ich sehe keine Wolke. Hast du, Isaak, trübe Augen?» Da merkte Isaak, dass das göttliche Licht nur ihm und dem Vater in einem geistigen Bilde erschien und dass er hellere Augen hatte als Elieser; denn die Wolke strahlte vor ihm gewaltig über den Berg.

Abraham gebot Elieser, mit dem Esel unten am Berg zu rasten. Er belud sich und Isaak mit Holz, nahm den Feuerkrug und das Opfermesser. So stiegen Vater und Sohn aufwärts.

Die leuchtende Wolke gab die Spitze des Berges frei. Oben angekommen, legten sie ihre Last ab und schichteten Stück um Stück das Holz zum Opfer. Isaak fragte: «Vater, wir haben Holz und Feuer, wo aber ist das Opfertier?» Abraham legte beide Hände auf die Schultern seines Sohnes. «Isaak, Gott der Herr hat *dich* zum Opferlamm bestellt. Bald darfst du oben in seine himmlische Welt eingehen. Willst auch *du* das Gebot Gottes erfüllen und ihm dienen?» Da der Engel des Herrn das Herz Isaaks stark machte, sprach dieser: «Vater, ich bin bereit. Tu, wie dir Gott geboten hat!» Zum letzten Mal umarmte jetzt Abraham seinen lieben Sohn. Dann fragte er: «Willst du mir noch ein Abschiedswort sagen?» Isaak antwortete: «Vater, bring der Mutter meinen Gruß und überreiche ihr in einem Tüchlein etwas Asche des Opfers. Das kann sie zum Sabbat-Licht legen und meiner gedenken.»

Nach diesen Worten bestieg Isaak den Holzstoß und faltete seine Hände und schloss die Augen. Abraham ergriff das Opfermesser und hob es hoch. In diesem Augenblick brauste mächtig der Engel des Herrn heran, fasste die erhobene Hand und rief: «Abraham, lass ab vom Opfer des Knaben! Gott hat deinen Gehorsam, deine Treue gesehen. Isaak darf leben!»

Das Messer fiel zur Erde. Abraham nahm Isaak an sein Herz, und so blieben sie lange umschlungen, im Lichte der glimmenden Wolke.

Als die Arme sich lösten, öffnete Isaak die Augen. Sein Blick fiel auf ein Gebüsch. «Vater», rief er, «sieh, dort drüben hat sich im Busch ein Widder mit den Hörnern verfangen!» – «Ja», sprach Abraham, «*das* ist unser Opferlamm, vom Engel Gottes gesendet.» Sie befreien den Widder aus dem Geäst und brachten ihn als Brandopfer dar. Als beide neben dem Feuer knieten, nahte noch einmal der Engel des Herrn und sprach:

«Abraham, ich bringe dir den Segen Gottes. Er soll überfließen auf deinen Sohn.» Da empfanden beide, das Wolkenfeuer durchwärme und durchglänze sie. Und so schloss Gott von Neuem den Bund mit Abraham. – Satanas aber knurrte und verkroch sich in die untere, finstere Welt.

Isaak und Rebekka

Mutter Sarah starb, als Isaak zum Manne erwachsen war. Abraham trauerte um sie. Er wählte eine Höhle, ihr darin eine Grabstätte zu bereiten. Solange Sarah lebte, umschimmerte ein Lichtwölklein das Haus, und es war Friede. Solange Sarah lebte, brannte von Sabbat zu Sabbat ein Licht in der Hütte. Auf dem Brotteig, den sie knetete, lag ein Segen, und das Brot schmeckte wunderbar. Da Sarah gestorben war, wich das Wölklein. Das Licht von Sabbat zu Sabbat erlosch, und das Brot war wie alle anderen Brote.

Da gedachte Abraham für seinen Sohn eine Frau zu suchen, die eine Völkermutter werden könne. Er sprach zu seinem treuen Diener Elieser: «Du sollst für mich eine weite Reise tun. Nimm Kamele und zwei Knechte mit dir und zieh nach Haran in Syrien, wo mein Bruder Nahor lebt und Verwandte meines Stammes. Der Engel des Herrn wird dich geleiten. Findest du eine edle Tochter dort, bitte sie, mit dir zurückzukommen. Sie soll die Frau Isaaks werden, des Sohnes Abrahams. Gott wird es wohl fügen!» (In alten Zeiten war es üblich, dass die Eltern sich um die Heirat ihrer Kinder kümmerten.)

Wohl siebzehn Tage dauerte die Reise Eliesers, bis er zu den Wohnstätten des Stammes Nahors kam. Es ging schon gegen

Abend, als er draußen im Felde bei einem Brunnen mit seinen Kamelen rastete. Eben kamen Frauen daher, um hier Wasser zu schöpfen. Elieser überlegte hin und her: ‹Möchte mir doch ein Zeichen zukommen, welches die richtige Braut für Isaak sein könnte.› Schließlich kam ihm der Gedanke: ‹Ich stelle mich jetzt zum Brunnen. Wenn eine Jungfrau nicht nur mir zu trinken gibt, sondern auch für meine Kamele Wasser schöpft, so möge Gott es geben, dass dies die rechte Braut sei.›

Also stellte sich Elieser zum Brunnen hin. Kaum hatte er sich niedergesetzt, da kam eine Jungfrau daher, schön von Gestalt und Angesicht, mit beschwingtem Schritt. Den leeren Krug trug sie auf dem Kopfe. Flink stieg sie die Stufen zum Brunnen hinab. Als sie mit gefülltem Krug wieder heraufkam, trat Elieser auf sie zu und bat: «Darf ich ein wenig Wasser aus deinem Krug trinken?» Einen Augenblick schaute sie ihn groß an, verwundert, dass ein Fremder sie so geradehin anredete. Dann nahm sie sachte den Krug herunter und gab ihm zu trinken. «Soll ich deinen durstigen Tieren auch etwas Wasser geben?», fragte sie freundlich. «Gerne!», erwiderte Elieser. Da goss sie den Rest des Kruges in die Tränkerinne für die Tiere. Während die Kamele schlürften, holte sie Krug um Krug, die Tiere zu tränken. Elieser schaute ihr zu und dachte: ‹Sie ist es! Bei Gott, sie ist es!› Als auch die Kamele genug getrunken hatten, zog er aus seiner Tasche einen goldenen Armreif hervor. Als das Mädchen wieder den vollen Krug auf das Haupt hob, um nach Hause zu gehen, streifte ihr Elieser den Goldreif über die freie Hand. Er fragte: «Sage mir, wessen Tochter bist du? Wie ist dein Name?» Verwundert starrte sie auf den Goldreif und antwortete: «Mein Name ist *Rebekka.* Mein Vater heißt *Bethuel* und ist der Sohn Nahors.» So wusste Elieser, dass ihr Großvater Nahor, der Bruder des Abraham, war. Er erkundigte sich weiter: «Finden wir wohl für diese Nacht Platz in deines Vaters Haus?» Sie antwortete: «Das kann wohl sein. Warte hier, ich sende dir Nachricht.» Und sie schritt leichten Fußes von dannen.

Zu Hause berichtete Rebekka dem Vater von dem Fremdling und von seiner Bitte um Obdach. Sie zeigte den goldenen Reif, den sie erhalten hatte. Vater Bethuel sandte den Bruder Rebekkas, *Laban* mit Namen, hinaus zum Brunnen, um Elieser mit seinen Knechten und Kamelen einzuladen, bei ihm im Hause abzusteigen.

Bevor man ans Essen ging, sprach Elieser zu Laban und zum Vater der Rebekka: «Lasst mich, bevor wir essen, einen Auftrag ausrichten von Abraham, meinem Herrn.» Nun erzählte Elieser, dass er von ihm ausgesandt wurde, um für seinen Sohn Isaak aus Nahors Geschlecht eine Braut zu suchen. «Seht», sprach er, «alle Zeichen weisen auf Rebekka. Sie trat mir als Erste entgegen, hat mich und Abrahams Kamele getränkt!» Als Vater Bethuel und Laban dies hörten, antworteten sie: «Das hat Gott der Herr gefügt! Wir wollen uns alle freuen über das gute Geschick.» Als auch Rebekka befragt war und sie sich einverstanden erklärt hatte, sprach Bethuel: «Getreuer Elieser, nimm Rebekka mit dir. Führe sie zu Isaak in Abrahams Haus!» Nun holte Elieser aus dem Gepäck, das die Tiere trugen, kostbare Geschenke und übergab sie dem Hause Bethuels. Dann aßen und tranken alle zusammen, als ob es ein Verlobungsfest wäre. Die Kamele waren schon versorgt. Spät am Abend begaben sich Elieser und die Knechte zu ihren Ruhestätten.

Als nach drei Tagen alles für die Reise gerüstet war, segneten Rebekkas Eltern ihre Tochter, ihren Leib, ihre Seele und ihre Wege, und nahmen Abschied von ihr. Für Rebekka wählte Elieser ein sanftes Kamel von silbergrauer Farbe aus.

Nach Wochen, als Elieser mit der Karawane wieder in Kanaan ankam, begab sich Isaak gegen Abend aufs Feld hinaus. Plötzlich gewahrte er auf einem Hügel einen Zug aus Kamelen. Er zählte und merkte, es musste Elieser sein. So ging er ihm entgegen. Als Rebekka den Hügel hinabritt, sah sie mit ihren klaren Augen einen Mann daherkommen. Um sein Haupt gewahrte sie etwas wie einen lichten Schein. Sie fragte Elieser: «Wer ist der Fremde, der dort über das Feld daherkommt?» Erst jetzt erkannte Elieser, dessen Augen vom Alter etwas schwach geworden waren, dass Isaak herannahte. Voll Freude rief er aus: «Es ist Isaak, mein Herr!» Rebekkas Herz schlug schneller. Das Blut rötete ihre Wangen, und sie zog einen Schleier vor das Gesicht. Zur Begrüßung war Elieser vom Kamel herabgestiegen. Er umarmte seinen Herrn, deutete auf das hellgraue Kamel und sprach: «Das ist Rebekka, die Tochter des Bethuel.» Isaak verbeugte sich vor ihr wie vor einer Königstochter. Da hob sie den Schleier und lächelte ihm zu. Elieser aber flüsterte zu Isaak: «Gott der Herr hat's gut gegeben!» Der Bräutigam ergriff das Leitseil des silbergrauen Kamels, und so kamen sie zur Hütte des Abraham. Als Rebekka absteigen wollte, hielt Isaak seine beiden starken Hände hin. So setzte sie ihren Fuß zuerst in Isaaks Hände, bevor er Kanaans Erde betrat. Vor Abraham hob Rebekka wieder zum Gruße ihren Schleier, und er bewunderte ihre Schönheit. Abraham fügte Rebekkas Hand in Isaaks Hand, und er segnete den Bund ihrer Ehe.

In der Hütte entzündete Rebekka das Sabbat-Licht, und es brannte wieder wie zu Sarahs Zeiten die ganze Woche hindurch. Das Friedenswölklein kehrte zurück in die Hütte, und sogar auf dem Brotteig, den Rebekka knetete, lag wiederum der alte Segen.

Jakob

Jakob und Esau

Eines Tages sprach Rebekka zu Isaak: «Freue dich, Gott der Herr hat unsere Bitte erhört. Ich trage ein Kind unter meinem Herzen!» Isaak war glücklich über diese Kunde und antwortete: «Nun hat das Volk Abrahams in deinem Leibe zu entstehen begonnen. Gesegnet seist du, Rebekka!»

Nachdem einige Zeit vorüber war, sprach Rebekka wiederum: «Isaak, freue dich! *Zwei* Kinder trägt mein Leib. Ich fühle, als ob sie dann und wann miteinander streiten würden!» Da lachte Isaak und dachte, Rebekka träumte. Als der Tag der Geburt herankam, brachte sie einen Knaben zur Welt, dessen Haut überall mit Härchen bedeckt war. Er bekam den Namen Esau, das heißt «der Behaarte». Als er aus dem Leibe hervorkam, erschien ein Händchen des anderen; das hielt den Erstgeborenen an der Ferse fest. So gebar Rebekka zwei Söhne. Der zweite war fein von Haut und Gestalt. Weil in der Sprache des Abraham die Ferse «Akob» heißt, nannten sie den zweiten «Jakob», was so viel heißt wie «Fersenhalter».

Esau, der Ältere, wuchs zu einem starken, etwas rauen Knaben heran. Er fing wilde Tiere von Hand und tötete sie, briet ihr Fleisch, um es zu verzehren. Oft brachte er dem Vater Isaak das erjagte Wildfleisch, und sie aßen es gemeinsam. Dem Jakob gab er nichts davon. Bald lernte Esau Pfeile abschießen und den Speer werfen, und er ging mit Waffen auf die Jagd.

Jakob hatte eine sanfte Seele, war von edler Gestalt, hatte

ein schönes Antlitz. Er half der Mutter bei den Arbeiten im Hause. Oft hatte er wundersame Träume. Der Mutter erzählte er, was er in den Träumen schaute. Rebekka sprach zu Vater Isaak: «Esau hat ein scharfes Auge, um die Welt draußen zu erforschen, Jakob besitzt ein inneres Gesicht und trägt viel weise Traumbilder in sich.» Isaak hielt den Esau als Liebling, Rebekka den Jakob. So hatten beide es gut. Der alte Vater Abraham sah mit Freude die beiden Zwillingsknaben heranwachsen. Als sie fünfzehn Jahre alt waren, starb Abraham. Seine Seele ging ein in das Reich Gottes. Seinen Leib brachte Isaak in die Höhle, worin Sarah ihr Grab hatte. Viel Volk versammelte sich, Abraham, dem Gerechten, Ehre zu erweisen.

Als Abraham gestorben war, kam das Priesterkleid, das er von Sem, dem Sohne Noahs, erhalten hatte, auf Isaak. Wenn er ein feierliches Opfer darbrachte, trug Isaak diese Kleider. Dann rief er in Ehrfurcht die Namen seiner Vorpriester an: Abraham, Sem, Noah, Henoch, Seth. Das war wie eine Stufenleiter zum verlorenen Paradies.

Es trug sich zu, dass Esau einmal sehr müde und hungrig von der Arbeit auf dem Felde heimkehrte. Jakob kochte in der Hütte eben ein Linsengericht. Esau aß fürs Leben gerne Linsen. Meist ernährte er sich jedoch vom Fleisch seiner erjagten Tiere, die er am Spieß briet. Nun hatte er in diesen Tagen nichts erjagt. Kaum nahte er sich der Hütte, stieg ihm der Duft von Linsen in die Nase. Sein Hunger verstärkte die Gier. Er trat zu Jakob und forderte: «Gib mir von deinem Linsengericht zu essen!» Da fragte Jakob: «Was gibst du mir dafür?» Esau antwortete: «Wünsche, was du willst.» Denn es gelüstete ihn sehr. Jakob sprach: «So gib mir dafür dein Erstgeburtsrecht.» Und Esau antwortete ihm: «Was hilft es mir, der Erstgeborene zu sein? Sterben müssen wir alle. Gib mir das Linsengericht, und die Erstgeburt sei dein!» Jakob erwiderte: «Schwöre mir, dass es so sei und bleibe.» Da schwor Esau, und Jakob gab ihm sein Linsengericht und Brot und Wein dazu. Esau aß die Linsen mit Genuss und machte sich keine weiteren Gedanken über das Geschehene.

Der Segen Isaaks

Esau heiratete zwei Frauen aus dem Stamme der Hethiter, bei denen Götzendienst herrschte. Diese Weiber opferten öfters nach fremder Sitte ihren Götzenbildern. Isaak und Rebekka bereitete das viel Kummer. Esau kümmerte sich nicht darum und trug in seinen Gedanken wenig Ehrfurcht vor Gott dem Herrn.

Isaaks Augen begannen im Alter immer trüber zu werden, bis er völlig erblindete. Doch inwendig wurden seine Gedanken heller und reicher. Er sann viel nach über die Erde seit ihrem Urbeginn und über das Menschengeschlecht bis zu seiner Zeit. Da er nun wusste, dass auch sein Leben nicht mehr allzu lange dauern könne, sprach er zu Esau: «Mein Sohn, es ist Brauch, dass der Erstgeborene den Segen des Vaters und des Stammes erhält. Nimm dein Jagdgerät und jage ein Wildtier. Bereite für uns ein gutes Gericht. Bring es zu mir herein, und dann will ich dir den Stammessegen geben, bevor ich sterbe!»

Esau begab sich auf die Jagd. Rebekka hatte die Worte mit angehört. Sie wusste, was Isaak vorhatte. Sie eilte zu Jakob und sprach: «Dein Vater will den Erstgeburtssegen deinem Bruder geben; das darf nicht sein! Esau hat ihn dir versprochen. Isaak hat ihn aufgefordert, ein Wildtier zu jagen, und wenn er davon ein Gericht gekocht hat, will er es mit ihm essen und ihm den Segen geben. – Höre auf mich, Jakob, tue, was ich dich heiße: Hole bei der Herde zwei Zicklein. Davon will ich ein gutes Gericht kochen. Das sollst *du* deinem Vater hineinbringen, dass er *dir* den Stammessegen gibt … Du hast ihn ja von deinem Bruder für das Linsengericht gekauft.»

Jakob antwortete: «Das wird schwerlich gut gehen, liebe Mutter. Sieh, mein Bruder Esau ist stark behaart, und ich bin glatt. Wenn mein Vater mich betastet, denkt er, ich wolle Spott mit ihm treiben, und er wird mich verfluchen.»

Rebekka antwortete: «Ich binde dir Stücke vom Fell der Zicklein um Arme und Schultern, und du schlüpfst in das Feierkleid von Esau. So wirst du den Segen bekommen, der *dir* gehört.»

Da tat Jakob, was ihm die Mutter geraten hatte.

Das Fleisch des Zickleins wurde gekocht, die Felle zerschnitten und umgebunden. Jakob kleidete sich in Esaus Gewand. Er trug die Speise hinein zum Vater. Dieser ruhte auf einem Lager. Jakob redete ihn an: «Vater, ich habe getan, was du wolltest. Ich bringe dir das Fleischgericht. Gib mir den Segen!»

Isaak antwortete: «Komm näher zu mir heran, dass ich dich betasten kann! Deine Stimme klingt heute wie Jakobs Stimme.» Der Vater fuhr mit seiner Hand über die Ziegenfellarme. Er dachte: Ja, es sind Esaus Arme, und der Geruch des Kleides ist Esaus Geruch. Er bat: «Gib mir Speise!» Als Isaak gegessen hatte, sprach er: «Komm, mein Erstgeborener, ganz nahe an mein Lager, dass ich dich segnen kann!» Jakob kniete nieder. Isaak gab den Segen:

«Gott gebe dir vom Tau des Himmels
und von der Fruchtbarkeit der Erde!
Völker sollen dir dienen.
Verflucht sei, wer dich verflucht,
gesegnet sei, wer dich segnet!»

Kaum war Jakob draußen und hatte sein Kleid gewechselt, kam sein Bruder Esau von der Jagd zurück mit einem Wildbret. Er richtete davon ein gutes Mahl her und trug es hinein zu seinem Vater. Mit seiner rauen Esau-Stimme sprach er: «Richte dich auf, Vater, ich bringe Wildbret, auf dass deine Hände mich segnen.»

Isaak entsetzte sich über diese Worte und sprach: «So war es denn Jakob, der mir zuvor das Essen gebracht hat. Ihm habe ich den Erstgeburtssegen zukommen lassen. Er wird gesegnet bleiben; denn ein heiliger Segen ist wie ein Schwur und kann nicht zurückgenommen werden.»

Da schrie Esau auf und weinte: «Zweimal hat mich mein Bruder überlistet. Die Erstgeburt hat er mir genommen, und nun nimmt er mir noch den Segen!» Esau war so tief ergrimmt, dass ein finsterer Gedanke in ihm aufstieg. Eine Stimme sprach in ihm: «Bald wird der Vater sterben, dann kannst du deinen Bruder Jakob töten!» Solche Worte redete Esau auch zu seinen Frauen. Eine Magd hörte es. Sie hinterbrachte Esaus böse Absicht Rebekka. Die ließ Jakob herbeiholen und gab ihm Kunde von Esaus bösem Willen: «Dein Bruder will Rache an dir nehmen und dich töten. Hör auf mich! Mach dich auf, fliehe zu meinem Bruder Laban ins Land Haran. Bleibe so lange dort, bis sich deines Bruders Rachezorn gelegt hat. Ich werde dir eine Botschaft senden, wenn du wieder ohne Gefahr zurückkehren kannst.»

Jakob kannte den wilden Zorn seines Bruders, und so hörte er auf der Mutter Rat. Zu Isaak sprach Rebekka: «Wir haben viel Kummer mit den Weibern Esaus, den Hethiterinnen. Jakob sollte eine Frau aus meiner Heimat holen gehen. Ich sende ihn zu Laban, meinem Bruder. So gerät er mit Esau nicht weiter in Streit wegen deinem Segen.» Isaak fand das weise gesprochen. Er ließ Jakob zu sich kommen und gab ihm seinen Reisesegen.

Jakobs Flucht

Rebekka gab Jakob zwei Dinge mit: den Stab, mit dem schon Abraham und dann Isaak gewandert waren, und ein Fläschchen mit gesegnetem Öl; das sollte er Laban als Gruß bringen.

Esau hatte von der Reise, die Jakob vorhatte, gehört. Er dachte: ‹Ich will ihm unterwegs auflauern, dort wo der Weg in Richtung Haran führt, und ihn töten. Niemand wird etwas davon wissen, wenn er im Sande verscharrt ist.› Mit Pfeil und Bogen verließ er in aller Frühe, als es noch finster war, das Haus. Er sprach zu seinen Frauen: «Ich gehe jagen.»

Eine Stunde später, als es dämmerte, begab sich Jakob auf die weite Reise. Wie er ein Stück des Weges gegangen war, kam er ungewollt vom Pfade ab und begann sich zu verirren. Er lief und lief. Die Sonne stieg auf. In einem weiten Bogen hatte ihn der Stab an dem Versteck des Bruders Esau vorbeigeführt. Erst gegen Abend kam er wieder auf den rechten Weg.

Esau lauerte vergebens in seinem Versteck auf den Bruder. Er kam und kam nicht vorbei. Die Sonne ging auf. Er wartete bis tief in den Vormittag hinein, dann kehrte er wieder nach

Hause zurück. Hier vernahm er, Jakob sei schon in der Dämmerung aufgebrochen. Seine Frauen spotteten über ihn: «So lange warst du heute auf der Jagd und hast nicht einmal ein Wildhuhn heimgebracht.»

Tagelang wanderte Jakob weiter. Eines Abends kam er zu einer Anhöhe. Es war der *Berg Morija*. Hier hatte Abraham den Isaak zum Opfer geführt. Jakob wusste es nicht, wo er hingekommen war. Er sah einige Steine umherliegen, die noch vom Altar Abrahams stammten. Die Sonne war untergegangen. Jakob nahm einen der Steine und legte sein müdes Haupt darauf, um zu schlummern. Als seine Seele sich in den Schlaf erhoben hatte, nahte ihm ein wunderbarer Traum, der sich ihm in ein wahres Geschehnis verwandelte. Über ihm öffnete sich der Sternenhimmel. Aus den Lichtstrahlen wob sich eine Leiter, die sich von oben zur Erde niedersenkte. In der Höhe zerfloss sie in den Lichtfluten, und unten kam sie bis an Jakobs Haupt heran. Und nun sah er, wie Engel auf der Himmelsleiter zu ihm herniederstiegen. Oben hatten sie das Antlitz Gottes erschaut, und unten sahen sie die Gestalt und das Angesicht des Menschen. Jakob hörte ihre Worte: «Seht, im Menschen ist ein kleines Abbild Gottes!» Sie stiegen in Scharen auf und nieder, und Jakob atmete ihren himmlischen Duft. Da ertönte aus der Höhe eine Stimme, die sprach zu Jakob: «Ich bin Gott, der Herr Abrahams und deines Vaters Isaak. Das Land, auf dem du ruhst, will ich dir und deinen Nachkommen geben. Zahlreich werden sie sein wie die Sterne am Himmel. Ich werde mit dir sein auf deinen Wegen und will dich behüten. Du wirst in dieses Land zurückkehren!»

Nun sah Jakob, wie die Lichtleiter sich langsam auflöste, und es erklang eine himmlische Musik. Die Engel schwebten zurück in die Höhe. Nur der Glanz der Sterne blieb. Jakob

erwachte aus seinem Sehertraum. Seine Seele war tief bewegt vor Ehrfurcht. Er sprach zu sich: «Hier ist Beth-El, das Haus Gottes. Hier ist die Pforte, der Eingang zum Himmel, den ich erschaute.» Als der Tag aufhellte, sammelte er die umherliegenden Steine und schichtete sie aufeinander. Obenauf setzte er seinen Schlafstein. Vom gesegneten Öl goss er drei Tropfen darauf, «im Namen Abrahams, im Namen Isaaks und im Namen Jakobs». Er tat ein Gelübde: «Immerzu will ich dir, oh du mein Gott, der sich mir hier offenbart hat, die Treue halten!» Danach ergriff er seinen Stab und setzte die Reise fort nach Haran in Mesopotamien.

Jakob im fremden Land

Nach langer Wanderschaft erreichte Jakob das Land seines Onkels Laban. Er kam zu einem Brunnen, der mit einem großen Stein verschlossen war. Einige Hirten lagerten mit ihren Schafen in der Nähe. Erst wenn alle Hirten der Gegend beim Brunnen versammelt waren, reichte die gemeinsame Kraft, um die Steinplatte wegzuheben. Jakob fragte die Hirten: «Wie nennt ihr dieses Land?» Sie antworteten: «Haran.» – «Kennt ihr Laban? Wie steht es um ihn?» Sie antworteten: «Es steht gut um ihn. Sieh, dort kommt eben seine Tochter Rahel. Sie will hier auch ihre Schafe tränken.» Da fragte Jakob: «Warum beginnt ihr denn nicht mit dem Tränken?» – «Weil wir noch zu wenige Männer sind, um den Stein wegzuheben.»

«Ich will euch helfen!», erbot sich Jakob; aber sie schauten nur ungläubig auf ihn. Da trat er zum Brunnen und wälzte den Stein ganz allein auf die Seite. Die Hirten machten große Augen. Jakob trat zu Rahel und fragte: «Darf ich deine Schafe tränken? Ich bin der Sohn Rebekkas, der Schwester deines Vaters.» Er fasste ihre Hände vor Freude, dass er gleich jemand aus dem Hause Labans antraf. Rahel dankte für das Schafetränken und eilte leichtfüßig nach Hause, ihrem Vater die Neuigkeit zu bringen. Wenig später kam Laban auf einem Kamel angeritten. Er erkannte in Jakobs Gesicht Züge von seiner Schwester. Jakob erzählte, wie es um Rebekka stand, und gab ihm das gesegnete Öl von ihr. Laban sprach: «Ja, du *bist* Jakob, meiner Schwester Sohn! Sei willkommen in meinem Hause und weile bei mir, solange du willst.» Und Laban umarmte und küsste ihn.

Von da an diente Jakob als Hirte bei Laban. Er durfte eigene Tiere züchten. Seine Herde wurde immer größer. In jenen Landen war es damals Brauch, dass ein Mann auch zwei Frauen heiraten durfte. Jakob erhielt zuerst Lea und später Rahel zur Frau, die beiden Töchter des Laban. So weilte er vierzehn Jahre bei Laban und hatte elf Söhne. Vergeblich wartete er Jahr um Jahr auf Botschaft von seiner Mutter Rebekka. War der Zorn Esaus noch nicht verraucht? Kein Zeichen kam. Die Namen seiner elf Söhne waren: Ruben, Simeon, Levi, Juda, Dan, Naphtali, Gad, Asser, Issaschar, Sebulon und Josef.

Laban und seine Söhne aber waren neidisch, dass die Viehherden Jakobs besser gediehen als die ihren, dass er reich wurde und auch Knechte und Mägde hatte, Kamele und Esel.

Eines Nachts sprach zu Jakob die göttliche Stimme: «Kehre zurück in das Land deiner Väter; ich werde mit dir sein.» Mit den Herden zog Jakob oft von Weideplatz zu Weideplatz. So war es für ihn nicht schwierig, gemäß diesem Auftrage Gottes, sich auf eine weite Reise zu begeben. Mit allen seinen Herden, seinen Tragtieren, allem Gesinde und seiner großen Familie machte sich Jakob auf ins Heimatland auf demselben Wege, den er ganz allein gekommen war. Vor allem freute er sich, Vater und Mutter wiederzusehen, auch wenn ihm etwas bange war, Esau wieder zu begegnen.

Das Land Kanaan. Die Versöhnung

Die Reise Jakobs mit all seinen Herden ging langsam voran. So kam durch rascher reisende Karawanen im Voraus die Kunde zu Isaak, dass sein Sohn Jakob auf der Rückreise nach Kanaan sei. Das hörte auch Esau. Noch war nicht aller Zorn von ihm gewichen. Er wusste auch nicht, ob Jakob komme, um über ihn zu herrschen. Er rief alle seine Knechte, Freunde und Verwandten zusammen, als er vernahm, dass Jakob nicht mehr ferne sei. Mit einer großen Schar Männer, bewehrt mit Stöcken und einigen Schwertern, ging er seinem Bruder entgegen. Esau sprach: «Will er Gewalt, bekommt er Gewalt. Will er Frieden, wollen wir miteinander reden.»

Als Jakob die große Schar des Esau herannahen sah, begab er sich mit zehn seiner Söhne und seiner Frau Lea an die Spitze des Zuges. Rahel blieb mit dem jüngsten Knaben Josef zuhinterst. Im Näherschreiten verneigte sich Jakob dreimal als Zeichen des Friedens. Da wich in Esau der letzte Zorn. Er eilte Jakob entgegen und umarmte ihn. Esau fragte: «Wer sind diese bei dir?» Jakob antwortete: «Es sind meine Söhne und ihre Mütter.» Jakob schenkte seinem Bruder zur Aussöhnung eine Anzahl Tiere von jeder Art. Esau kehrte alsbald zurück nach Hebron. Jakob aber hielt unterwegs längere Lagerzeiten. Er wollte auf dem Heimweg am Berg Morija vorbei, wo

ihm Gottes Licht und seine himmlischen Scharen erschienen waren. Dort in Beth-El wollte er opfern und für allen Segen danken, den er empfangen hatte.

Am Fuße des Berges Morija angekommen, schlug Jakob seine Zelte auf. Mit seinen elf Söhnen stieg er auf den Berg. Rahel ritt auf einem Esel mit; denn sie trug das jüngste Kind noch ungeboren in ihrem Leibe. Oben halfen die Söhne dem Vater einen Altar bauen. Das Steinmal, das Jakob einst gebaut hatte, berührten sie nicht. Er hatte ihnen von der Himmelsleiter erzählt, die er an dieser heiligen Stätte erschaut hatte.

Als die Opferflamme zum Himmel stieg, kniete Jakob mit seinen Söhnen. Für Rahel hatten sie einen Stein zum Sitzen bereitet. Jakob dachte: Möge der zwölfte Sohn in ihrem Leibe gedeihen! Auf einmal hörte Jakob mitten im Gebet die göttliche Stimme: «Jakob war bis heute dein Name. Als Vater des Volkes sollst du ISRAEL heißen. Könige und Propheten werden aus deinem Stamme hervorgehen. Dir und deinem Volke soll das Land Abrahams und Isaaks zu eigen sein!»

Nach diesen Worten verstummte die Stimme. Jakob stieg mit Rahel und den elf Söhnen wieder hinunter vom Berge. Die Reise führte weiter nach Ephrat, das ist Bethlehem. Bevor sie den Ort erreichten, gebar Rahel den zwölften Sohn. Sein Name war Benjamin. Doch die Geburt des Kindes war so schwer, dass die Seele Rahels entwich und sie sterben musste. In großer Trauer errichtete ihr Jakob bei Bethlehem ein Grab, und alle Söhne trugen Steine herbei nach ihren Kräften. Noch heute zeigt man unweit von Bethlehem Rahels Grab.

Fast zur selben Zeit starb Jakobs Mutter Rebekka, und so hat sie ihren geliebten Sohn in diesem Erdenleben nicht mehr sehen können.

Als Jakob nach Hebron zum alten Vater Isaak kam, freute sich dieser, ihn wiederum zu umarmen. Alle zwölf Söhne musste Jakob dem blinden Vater vorführen. Er tastete ihr Haupt, streichelte ihr Haar, ihre Gestalt und ihre Hände. Er sprach eines jeden Namen aus und gab dazu seinen Segen. Dann rief er aus: «Gelobt sei Gott! Ich habe die zwölf Stämme des Volkes Israel segnen dürfen.»

Josef

Josef wird verkauft

Von allen zwölf Söhnen liebte Jakob den Josef, den zweitjüngsten, am meisten. Josef war gerne in des Vaters Nähe, bediente ihn beim Essen und wanderte mit ihm übers Feld, wenn die anderen Brüder bei den Herden weilten. Jakob sah aber auch mit seinem Prophetenauge, dass in Josefs Seele ein großes Leuchten war. Er dachte: «Dieser wird dereinst ein Herrscher sein.»

Einmal, als Josef allein im Felde wanderte, hörte er ein Schaf furchtbar schreien. Da waren einige von den jüngeren Brüdern dabei, dem Tier lebendig die Haut abzureißen, um danach sein Fleisch zu braten. Und die Kerle lachten dabei. Als sie Josef kommen sahen, töteten sie rasch das Schaf. Sie luden ihn zu dem Braten ein. Josef schrie sie an: «Ihr Tierquäler! Ich esse nicht mit euch vom Fleisch des gequälten Lammes!» Er kehrte nach Hause zurück und erzählte dem Vater unter Tränen, was er erlebt hatte. Vater Jakob herrschte die Söhne hart an und verurteilte ihre Missetat: «Hütet euch, je wieder ein Tier so schändlich zu quälen!» Von da an hassten die Brüder den Josef.

Nun war Josef zum Jüngling erwachsen und sein altes Kleid war ihm zu eng geworden. Vater Jakob ließ ihm aus bunter Seide ein neues Kleid mit Ärmeln anfertigen. Die Brüder trugen zum Hüten ärmellose, wollene Kleider. Zu dieser Zeit war Josef ein Jüngling von siebzehn Jahren. Vater Jakob dachte wohl: ‹Er ist der Sorgsamste und auch der Schönste unter den zwölf Brüdern, so soll er auch das schönste Kleid haben.› Weil er nur feine häusliche Arbeit tat und den Diener und Boten für den Vater machte, konnte er sein Kleid schön sauber halten.

Von Zeit zu Zeit hatte Josef wunderbare Träume. Beim Frühstück erzählte er sie oft seinem Vater, und dieser staunte über die weisen, schönen Bilder, die Josef träumte. Einmal erzählte er seinen Brüdern auf dem Felde einen Traum, der ihm in der vergangenen Nacht gekommen war. «Wir waren alle zwölf miteinander auf dem Getreideacker und banden goldfarbene Garben. Plötzlich erhob sich meine auf den Boden niedergelegte Garbe und stellte sich aufrecht mit ihren Ähren. Alle eure Garben richteten sich nun ebenfalls auf, kamen herbeigesprungen und bildeten einen Kreis um meine Garbe. Ich dachte, jetzt gibt es einen Garbentanz; aber nein: Eure Garben blieben im Kreise stehen und verneigten sich vor meiner Garbe. Da bin ich erwacht.» Die Brüder murrten über Josefs Traum und sprachen: «Du willst wohl gar unser König und Gebieter sein und über uns herrschen?» Und sie grollten ihm noch mehr um dieses Traumes willen. Ein andermal versammelte Jakob die zwölf, um die Getreideernte vorzubereiten. Als sie alle beieinander waren, sprach Josef: «Heute Nacht hab ich einen seltsamen Traum gehabt: Die Sonne, der Mond und elf Sterne verneigten sich vor mir.» Da schalt ihn sein Vater vor den anderen Brüdern und sprach: «Sollen etwa ich und deine Mutter und deine Brüder kommen und vor dir niederfallen?» Josef erwiderte: «Vater, ich habe doch den Traum nicht erfunden; er ist über mich gekommen. Was vermögen wir über unsere Träume?» Doch seine Brüder waren noch aufgebrachter seinetwegen.

Benjamin, der Jüngste, war noch ein Kind von kaum zehn Jahren. Er war der einzige Bruder, der Josef liebte; dieser spielte oft mit ihm und erzählte ihm Träume und Geschichten, die wie Blüten in seiner Seele aufstiegen. Benjamin weilte wie Josef zumeist zu Hause und war nicht bei den Brüdern und den Herden im Feld.

Einmal sagte Jakob zu Josef: «Seit vielen Tagen sind deine Brüder auf entfernten Weideplätzen. Sie bleiben über Nacht bei den Herden; denn wilde Tiere sind immer eine Gefahr. Schon viele Tage habe ich von ihnen keine Botschaft erhalten, wie es ihnen und den Herden ergeht. Wandere hinaus zu ihnen und gib mir Nachricht, ob alles in Ordnung ist draußen!»

Josef musste stundenlang wandern, bis er endlich die Herden der Brüder von ferne erblickte. Als sie ihn im bunten Kleide herannahen sahen, ganz allein, sprachen sie untereinander: «Seht, dort kommt der Träumer. Er will uns wieder auskundschaften, um alles dem Vater zu melden. Es ist an der Zeit, dass wir ihn verschwinden lassen. Nichts wie Ärger haben wir mit ihm!» Einer machte den Vorschlag, ihn zu erschlagen und im Sande zu verscharren. Ruben, der Älteste, war nicht einverstanden. «Vergießt kein Blut!» Ein anderer meinte: «Wir könnten ihn drüben in den trockenen Brunnen hinunterwerfen. Da mag er von allein sterben.» Ruben dachte bei sich: ‹Aus dem Brunnen kann ich Josef in der Nacht herausholen und sein Leben retten.› Der Vorschlag fand bei allen Zustimmung. Als Josef zu den Brüdern kam, sah er finstere Gesichter.

Keiner erwiderte seinen Gruß. Ihm wurde bange, und er bat freundlich: «Die Hitze hat mir Durst gemacht; gewiss habt ihr etwas Milch oder Wasser in einem Trinkschlauch. Ich bitte darum!» Da antwortete einer: «Wir wollen dir genug zu trinken geben!» Einige sprangen auf, packten Josef, rissen ihm das bunte Kleid in Fetzen vom Leibe. Sie trugen ihn seitwärts zu dem ausgetrockneten Brunnen und ließen ihn in den Schacht hinunterfallen. Josef war so erschrocken, dass er keinen Laut von sich geben konnte. Nur als sie ihn zum Brunnen brachten, rief er: «Brüder, liebe Brüder, lasst mich leben!» Der Grund des Brunnens war unten noch etwas feucht-schlammig, sodass seine Knochen nicht zerbrachen. Aber die Glieder schmerzten ihn. Oben sah er nur einen runden Fleck des blauen Himmels. Als seine Augen sich an die Dunkelheit gewöhnt hatten, hörte er ein leises Geräusch. Er bemerkte, wie aus dem Gemäuer des Brunnens eine Schlange hervorkroch und züngelte. Josef hielt sich unbeweglich still. Die Schlange beruhigte sich und schlüpfte in ihr Versteck zurück, aus dem sie der Sturz Josefs aufgescheucht hatte.

Oben begannen die Brüder ein geschlachtetes Zicklein zu braten. Ruben war von ihnen weggegangen, auf den nahen Berg zu. Er wollte dort nach der Herde sehen. Er hatte die Absicht, heimlich in der Nacht Josef zu befreien.

Als die Brüder gegessen hatten und sich zum Ausruhen lagerten, rief einer: «Seht dort drüben die Kamele! Eine Karawane! Sie wird hier bei uns vorbeikommen. Das sind Händler, die nach Ägypten reisen.» Juda sprach: «Was nützt es uns, wenn wir Josef dem Tode überlieferten? Wir könnten ihn den Händlern verkaufen; dann kommt sein Blut nicht über uns.» Die anderen waren mit diesem Vorschlag einverstanden. Nach einiger Zeit machte die Karawane bei den Brüdern Halt. Sie gaben den Händlern Ziegenmilch zu trinken. Juda sprach: «Wir hätten einen jungen Burschen zu verkaufen.» Da fragte der Händler: «Wo ist er denn? Ich sehe keinen Jungen.» Und Juda sprach: «Wir haben ihn bestraft. Er steckt im Brunnen.» Nun ließen die Brüder einen Strick in den Brunnenschacht hinunter. Juda rief: «Fass an, Josef!» Sie zogen, zum Erstaunen des Händlers, einen schönen nackten Jüngling aus der Tiefe herauf. Da stand er mit gesenktem Haupte vor den Händlern. Der Karawanenführer sah wohl, dass es ein selten schöner und wohl auch gescheiter Jüngling war, von edlem Wuchs. Er sprach: «So wie er ist, ohne Kleider, zahle ich euch für den Burschen zwanzig Silberlinge.» Erst jetzt merkte Josef, was hier gehandelt wurde. Er flehte die Brüder an: «Bitte, lasst mich hier in der Heimat! Verkauft mich nicht ins fremde Land!»

Doch alles Bitten war umsonst. Die Brüder schenkten ihm kein Gehör. Mit dem Händler feilschten sie nicht lange, und Juda nahm die zwanzig Silberlinge entgegen. Ein Kameltreiber band Josef einen schmutzigen Lumpen um die Lenden, drückte ihm einen Stock in die Hand und herrschte ihn an: «Voran, Bursche, treib die Kamele!» Als Josef noch einmal zurückschaute, zählte er nur neun Brüder. Wo war Ruben? Er blieb einen Augenblick stehen und sah in die Runde. Da sauste ein Peitschenhieb über seinen bloßen Rücken. Eine Stimme schrie: «Voran, Bursche, nicht herumgaffen!» Josef biss vor Schmerz die Zähne zusammen und trieb die Kamele der sonnenheißen Wüste zu.

Unweit des Brunnens hatten die Brüder ein Zelt, in dem sie des Nachts schliefen. Mitten in der Nacht, als alles ruhte, kam Ruben aus dem Gebirge zurück, um Josef aus dem Brunnen zu befreien. Er hatte einen Strick mehrfach um den Gürtel geschlungen. Beim Brunnen angekommen, wickelte er ihn ab. Er beugte sich über den Rand des Schachtes und rief leise: «Josef, hörst du mich?» Da niemand antwortete, rief er etwas lauter: «Josef, ich bin's, Ruben. Ich will dich befreien!» Keine Antwort. Ruben dachte: ‹Er schläft wohl. Ich werfe kleine Steinchen in die Tiefe, das wird ihn wecken.› Im blassen

Mondlicht sammelte er eine Handvoll und warf sie in den Brunnen. Nichts regte sich. Nun ließ er das Seil hinunter und bewegte es rund im Kreis. «Josef, fass an!» Alles blieb still. «Er ist nicht mehr unten», flüsterte Ruben, «wo haben sie ihn hingebracht? Vielleicht ist er getötet worden. Ich muss Gewissheit haben!» Er begab sich ins Zelt der Brüder und stieß den schlafenden Simeon in die Seite. Der fuhr hoch. Ruben fragte ganz laut: «Wo ist Josef hingekommen? Habt ihr ihn getötet?» Alle Brüder erwachten von dem Tumult. Simeon beschwichtigte: «Nein, wir haben sein Leben nicht angetastet. Wir haben ihn den Händlern einer Karawane verkauft. Sie reist nach Ägypten. So sind wir ihn los, und sein Blut kommt nicht über uns.» Doch Ruben war misstrauisch. «Zeigt mir das Geld!» Simeon drückte ihm zwei Silberlinge in die Hand. «Zwanzig Silberlinge haben wir bekommen, für jeden von uns zwei Stück. Hier hast du die deinen.» Da ging Ruben hinaus vor das Zelt, um im Mondenschein die Münzen zu besehen. Ja, es war ägyptisches Silber. In Rubens Herz wogte es auf und ab. Langsam schlenderte er hinaus in die Nacht und war plötzlich wieder beim Brunnen. Er setzte sich auf den steinernen Rand. Er überlegte. «Was soll ich dem Vater sagen, er liebt Josef doch so sehr?» – Er nahm die Silberlinge und warf sie in den Brunnen. Ruben machte sich Vorwürfe: «Ich hätte mich zuvor mutig für Josef einsetzen sollen!» – Aber was geschehen war, war geschehen. In der Morgendämmerung kam er zurück zum Zelt der Brüder. Die hatten unterdessen einander bei Leib und Leben geschworen, dass keiner vom Verkauf des Josef etwas verraten dürfe. Einer schlug vor, die Fetzen des Kleides mit dem Blut eines Zickleins zu beflecken. Das wollten sie dem Vater bringen, damit er glaube, ein wildes Tier habe Josef zerrissen.

Als Ruben zum Zelte der Brüder zurückkam, bedrängten

sie ihn, dass auch er Schweigen gelobe. So musste er in den gemeinsamen Schweigebann treten.

Die Brüder zogen das Los, wer mit dem Blutkleide zum Vater gehen sollte. Es traf Juda und Asser. Als sie zum Vater kamen, trug Asser das Kleid, und Juda begann stockend zu reden: «Sieh, Vater, dieses Kleid … haben wir weit draußen auf … auf dem Feld zerfetzt gefunden. Es ist Blut daran. – Ist es nicht das Kleid von Josef?» Vater Jakob nahm die Tuchfetzen in die Hand und schrie laut auf: «Wehe mir! Es ist Josefs Kleid! Ein wildes Tier hat ihn zerrissen. Wehe, wehe mir! Meiner Augen Freude, meines Herzens Glück, Josef, ist tot!» Weinend erhob er sich, zerriss sein Kleid im Schmerz und war nicht zu trösten.

Von diesem Tage an trug Jakob ein Trauerkleid. Die Brüder aber wichen dem Vater aus; das schlechte Gewissen bedrückte sie. Niemand mehr erzählte Benjamin schöne Geschichten, und er war in großem Leid um den geliebten Bruder.

Josef in Ägypten

Als die Händler mit Josef in Ägypten ankamen, boten sie auf dem Markte der Königsstadt ihre Waren feil: wohlriechende Harze und Gewürz. Zwei der Händler brachten Josef auf den Sklavenmarkt, um ihn dort als Diener zu verkaufen. Bei einem Brunnen hießen sie ihn allen Wüstenstaub abwaschen. Sodann erhielt er ein sauberes weißes Lendentuch, das er mit schönem Knoten umbinden musste. Bei einem Haarschneider wurde sein Kopfhaar zurechtgeschnitten und gekämmt. Je sauberer und hübscher ein Sklave aussah, umso höher war der Kaufpreis. Als die Händler mit ihm auf den Sklavenmarkt kamen, bemerkten sie wohl, dass Josef der schönste Jüngling war, der hier zum Verkauf angeboten wurde. Sie setzten den Preis auf zweihundert Silberlinge. Das konnte nur ein sehr reicher Käufer bezahlen. Viele kamen heran, weil die schöne Gestalt des Josef und sein edles Gesicht jedermann ins Auge fiel. Wenn sie aber den hohen Preis hörten, war es mit der Kauflust vorbei.

Auf einmal nahte ein sehr vornehmer Herr, von zwei Wächtern begleitet. Er trug eine Art Helm, mit Gold verziert, und ein kostbares Kleid. Es war *Potiphar,* der Oberste der Leibwache des *Pharao,* wie man den ägyptischen König nannte. In Josefs Nähe blieb er stehen und ließ einen Blick über die verkäuflichen Sklaven schweifen. Sein Auge blieb an Josef hängen. ‹Was ist das wohl für ein intelligenter und schöner Jüngling? Der wäre für mein Haus eine hübsche Zierde als Diener›, dachte Potiphar. ‹Sicher ist er nicht als Sklave geboren worden!› Er fragte einen der Händler: «Woher hast du diesen Burschen?» Der Händler war ganz aufgeregt, dass ein so vornehmer Herr ihn ansprach, und antwortete: «Ehrwürdiger Herr, er stammt aus Kanaan. Er ist ein Hebräer. Kein Sklavenzeichen verunstaltet ihn; er ist ein Erstling und hat noch keinen Herrn gehabt. Aus edlem Haus wurde er verstoßen und verkauft.» Potiphar erwiderte nachsinnend: «Aus Kanaan? Das ist nicht in Ägypten. – Wie viel kostet er?»

Der Händler merkte, dass der Vornehme kaufwillig war, und entgegnete: «Zweihundertfünfzig Silberlinge, Herr!» Potiphar überlegte und sprach: «Zweihundert biete ich dir. So viel habe ich dabei. Ja oder Nein?» Der Händler wusste, dass ein Vornehmer nicht lange herumfeilschte. «Einverstanden, Herr, zweihundert Silberlinge; der Sklave gehört Ihnen.»

Nun trat der Herr zu Josef heran und redete ihn an: «Wie steht es mit der ägyptischen Sprache?» Josef neigte grüßend den Kopf zu einer Verbeugung und antwortete: «Ägypten Sprak nit serr gut, lernen viel viel!» Das machte Potiphar Spaß, wie der Bursche die Worte hervorbrockte. Er griff in seinen Gürtel und zahlte den Preis in Goldstücken. Seine beiden Soldaten nahmen Josef in die Mitte. Sie führten ihn durch die Stadt bis zu einem gewaltigen, steinernen Haus. Hier wurde er dem Hausmeister gebracht, der gleich Gefallen an Josef fand und ihn als Bediensteten bei Tische einsetzte. Von den Händlern auf der Reise hatte er nur wenige Brocken Ägyptisch gelernt. Jetzt gewann seine Sprache von Tag zu Tag mehr Sicherheit; denn er war lernbegierig.

Der Hauptmann Potiphar hatte eine schöne Frau. Sie war sehr verwöhnt. Sie fand Gefallen an dem hübschen jungen Sklaven. Wenn er ihr Wein in die Trinkschale goss, streichelte sie seine Hand. Eines Tages sagte sie zum Hausmeister: «Josef soll mein eigener Diener sein. Am Morgen soll *er* mir das Frühstück bringen. Wenn ich Gäste habe, soll er mit Erfrischungen aufwarten.» Um diese Gunst der Herrin wurde Josef von allen anderen Dienern des Palastes beneidet. Frau Potiphar schenkte ihm ein besticktes Seidenkleid, in dem er noch schöner aussah als zuvor. Josef merkte wohl, dass er der Liebling der vornehmen Dame war. Indes tat er seine Arbeit mit Höflichkeit und nutzte ihre Gunst nicht aus.

Einmal lud Frau Potiphar einige vornehme Freundinnen zum Besuche ein. Sie hatte zuvor ihrem Haarkünstler geboten: «Richte mir den Josef aufs Beste her; meine Freundinnen sollen sehen, dass ich den schönsten Sklaven der Stadt zum Diener habe.» Sie ließ ihm auch ein neues Seidenkleid anfertigen, mit Goldfäden bestickt. Als die Damen zum Besuch versammelt waren und eine Sklavin zum Saitenspiel sang, ließ sie auf Tellern Orangen und Obstmesserchen herumreichen. Auf ein Glockenzeichen musste Josef hereinkommen, um von einer jeden die Teller einzusammeln. Als er in seiner edlen Schönheit hereintrat, waren die Damen von seiner Erscheinung wie gebannt, sodass sich eine, die den Diener immerzu angaffte, in den Finger schnitt. Sie ließ den Teller fallen. Rasch holte Josef feines Linnen und umwickelte den verletzten Finger; dazu tröstete er die Dame mit sanften Worten. Mit Anmut sammelte er die Scherben in sein Körbchen zu den Orangenschalen und dankte einer jeden Dame mit einem Lächeln. Als er wieder hinausgegangen war, zeigten die Besucherinnen ihre Begeisterung über den feinen Diener. Frau Potiphar war geschmeichelt. Gerne hätte ihr eine jede den Josef für zweihundert Silberlinge abgekauft. Am Abend, als Josef den Besucherraum wieder ordentlich herrichtete, trat Frau Potiphar zu ihm und sprach: «Wunderbar hast du es heute gemacht, mein Lieber.» Sie umarmte ihn und gab Josef einen Kuss. Vor Schreck lief er davon. Sie aber lachte hinter ihm her. Da merkte Josef, dass Frau Potiphar sich in ihn verliebt hatte.

In der Nacht fand er kaum Schlaf. Endlich kam ein Traum über ihn. Sein Vater Jakob erschien ihm im Trauerkleide. Er weinte. Josef wollte ihm die Tränen trocknen; aber er vermochte seine Arme nicht zu heben. Potiphars Frau hielt sie ihm auf den Rücken. Er erwachte und wusste: ‹Vor Potiphars Frau muss ich mich hüten.› Er hatte schon öfters bemerkt, dass sich bei ihr Wahrheit und Lüge vermischten.

Einst ging Potiphar, sein Herr, an Josefs Kammer vorbei. Er hörte ein Flüstern. Potiphar blieb stehen, horchte, hob den Vorhang und fragte: «Was redest du da im Stillen für dich allein? Treibst du Zauberei?» Josef erwiderte: «Herr, ich bete alle Tage zu Gott, wie es mich mein Vater in Kanaan gelehrt hat. Ich bete auch dafür, dass ich immerfort Gnade vor Potiphar finde.» Als dieser sah, dass Josef im Herzen fromm und aufrichtig war, sprach er zu ihm: «Komm mit mir zum Hausverwalter. Von heute an darfst du Schlüssel an deinem Gürtel tragen.» So wurde Josef, trotz seiner Jugend, Vize-Hausmeister, das heißt Stellvertreter des Hausverwalters. Er durfte anderen Sklaven befehlen, was sie zu arbeiten hatten.

Josef hielt sich, so viel er konnte, von Frau Potiphar fern. Da ließ sie ihn einst in ihr Gemach rufen. Eben hatte er ausgehen wollen und den roten Mantel umgeschlagen. Er dachte: ‹Ich muss für sie wohl eine Besorgung in der Stadt machen› und trat zu ihr ins Gemach. Gleich schlang sie ihre Arme um ihn, riss ihn an sich und wollte ihn küssen. Josef befreite sich mit einem heftigen Ruck. Sein Mantel riss und sie fiel rückwärts auf ihr Bett. Der Mantel blieb in ihren Händen. Frau Potiphar schrie vor Zorn laut auf: «Zu Hilfe, zu Hilfe! Der Diener Josef wollte mir Schlimmes antun!» Sie kratzte sich mit den Fingernägeln am Hals blutig und schrie: «Er hat mich gewürgt!» Dienerinnen stürzten herein. Frau Potiphar ließ ihren Mann holen, zeigte den zerrissenen Mantel Josefs und die Blutkratzer am Hals. Sie weinte Scheintränen. Potiphar glaubte ihr alles. Er bekam einen Wutanfall über den ungetreuen Diener und gab zwei Wächtern den Auftrag, ihn in der Stadt zu suchen und unverzüglich ins königliche Gefängnis bei Wasser und Brot einzusperren.

Auf dem Markt wurde Josef aufgegriffen. Die Knechte fesselten seine Hände auf den Rücken und führten ihn in das Gefängnis ab. So kam Josef unschuldig in den Kerker. Sein seidenes Kleid wurde mit schmutzigen Lumpen vertauscht.

Josef im Gefängnis

Josef überdachte in der ersten Gefängnisnacht den vergangenen Tag. Verzweiflung überkam seine Seele. Still betete er zu Gott: «Herr, du hast mich erhöht; Herr, du hast mich erniedrigt. Du allein kennst meinen Lebensweg. Ich vertraue dir!»

Der Aufseher des Gefängnisses bemerkte bald, dass Josef kein Verbrecher war. Er übertrug ihm die Aufgabe, den Gefangenen alle Tage einmal ihr Brot und Wasser zu bringen. Er war zufrieden, dass ein anderer diese Arbeit für ihn tat. Soldaten brachten eines Tages zwei seltsame Gefangene. Der eine trug das Bäckerkleid und hatte Mehl in den Haaren. Der andere steckte in einem vornehmen Kleid, wie ein königlicher Diener. Beide sahen unglücklich drein. Josef kam mit ihnen ins Gespräch. Der Bäcker erzählte: «Ich war Hofbäcker im Palast des Pharao. Von ungefähr blieb im Brotteig ein kleines Steinchen stecken. Ausgerechnet der Pharao biss in das Stück Brot mit dem Steinchen. Er wurde zornig und befahl, mich in das Gefängnis zu werfen.» Der andere erzählte: «Ich war Mundschenk des Pharao, füllte beim Essen immer die Trinkschalen. Als ich des Pharao Schale mit Wein füllte, flog gerade eine Fliege in den Weinkrug und schwamm mit dem Wein in die Trinkschale des Höchsten. Er befahl, auch mich ins Gefängnis zu werfen. Mich trifft keine Schuld; ich habe doch die Fliege nicht gebeten, in diesem Augenblick in den Krug zu fliegen!»

Am anderen Morgen, als Josef den beiden Wasser und Brot brachte, saß jeder verdrießlich in einer Ecke. Josef fragte: «Was ist's, dass ihr heute so missmutig in die Welt schaut? Für euch ist doch Hoffnung, dass der Pharao wieder gnädig zu euch sein wird.» Da erwiderte der Mundschenk: «Ich sinne nach über einen seltsamen Traum, der diese Nacht über mich kam. Seine Bilder stehen immer wieder deutlich vor mir. Könnte mir nur jemand den Traum auslegen!» Josef antwortete: «Traumdeutung steht bei Gott; aber erzähle mir einmal, was hast du geträumt?» Der Mundschenk begann: «Ich sah vor mir einen Weinstock. Der trieb drei grüne Schösslinge. Gleich wie sie hervorgewachsen waren, blühten sie, und die Blüten verwandelten sich vor meinen Augen in Trauben. Ich hielt die Trinkschale des Pharao in der einen Hand, nahm eine Traube in die andere und zerdrückte sie. Die Schale füllte sich mit Saft. Ich reichte sie dem Pharao.» Josef sprach zum Erzähler: «Ich glaube, diesen Traum kann ich dir deuten: Die drei Schösslinge sind drei Tage. In drei Tagen wird der Pharao nach dir senden. Du wirst ihm wieder die Schalen reichen dürfen. Wie früher wirst du sein Mundschenk sein.» Des Mundschenks Miene erheiterte sich, als er so gute Deutung vernahm. Josef aber fuhr fort: «Mundschenk, ich bitte dich, gedenke meiner, wenn es dir wohl ergeht, und erweise mir die Liebe, dass du beim Pharao ein gutes Wort für mich einlegst. Hilf mir, dass ich aus dem Kerker komme, denn unschuldig bin ich hierher geraten.» Josef erzählte dem Mundschenk von dem Geschehnis im Hause Potiphar.

Der Bäcker hatte aufmerksam zugehört, wie Josef dem Mundschenk den Traum so günstig gedeutet hatte. Er sprach zu ihm: «Ich möchte dir meinen Traum auch gerne erzählen, der mir heute Nacht zukam: Ich trug drei Körbe voller Brote auf meinem Kopfe. Im obersten Korb war feines Gebäck für den Pharao. Da flogen Vögel herbei und fraßen Gebackenes aus allen drei Körben. – Sage mir, was kann das bedeuten?»

Josef schwieg eine Weile. Er zögerte, dem Bäcker die Traumbilder zu erklären. Endlich sprach er: «Bäckermeister, lieber deute ich dir den Traum nicht!» Aber dieser gab keine Ruhe und sprach: «Was es auch sei, selbst wenn es ungute Botschaft ist, bitte sag es mir! Ich sah dir an, dass du meinen Traum auch deuten kannst.» Sachte begann Josef: «Die drei Körbe sind drei Tage. In drei Tagen wird man auf Befehl des Pharao dein Haupt erhöhen und dich an einem Pfahl aufhängen. Die Vögel des Himmels werden kommen und von deinem Fleische picken.»

Der arme Bäcker versank in Trübsinn; aber im Herzen des Mundschenks glomm das Flämmchen der Hoffnung.

Drei Tage später hatte der Pharao Geburtstag. Er spendete für alle seine Diener ein gutes Mahl und ließ dazu auch den Mundschenk aus dem Gefängnis holen, der seinen Dienst sonst so treu getan hatte. Er setzte ihn wieder in sein Amt ein. Dem Bäcker blieb er böse. Er wurde abgeholt und erhängt, da er den Brotteig unachtsam geknetet hatte.

Die Träume des Pharao

Monat um Monat erduldete Josef die Gefangenschaft. Nichts mehr hörte er vom Mundschenk; der hatte ihn in seinem neuen Glück vergessen. Jeden Tag brachte Josef den Gefangenen Wasser und Brot. Er erlernte von ihnen verschiedene Sprachen und gewöhnte sich nach und nach an sein Los. Über ein Jahr war vergangen.

In einer Nacht hatte der Pharao zwei seltsame Träume. Als er am Morgen erwachte, war sein Geist unruhig. Er sandte nach seinen Wahrsagern, dass sie ihm die Träume deuteten. Die Weisen versammelten sich zu bestimmter Stunde, und der Pharao erzählte ihnen den ersten Traum:

«Ich stand am Nilstrom und sah sieben fette, schöne Kühe aus dem Nil emporsteigen. Sie weideten am Ufer im Gras. Nach ihnen stiegen sieben hässliche, magere Kühe aus den Fluten. Sie kamen auf die Wiese und verschlangen die sieben schönen, fetten Kühe. Ich weiß, der Traum ist wichtig. Deutet ihn mir!»

Die Wahrsager rätselten hin und rätselten her. Keine vernünftige Deutung fiel ihnen ein. Also erzählte Pharao den zweiten Traum: «Ich sah sieben Kornähren, reich an guten Körnern. Sie wuchsen alle aus dem gleichen Halm. Danach sah ich einen anderen Halm, an dem sieben magere, versengte Ähren sprossten; diese verschlangen die schönen Ähren, und alles zerging in Staub.»

Nochmals rieten die Wahrsager hin und her, runzelten die Stirn, vergossen Schweißtropfen. Keine rechte Deutung gelang ihnen. Missmutig schickte der Herrscher sie fort.

Der Mundschenk hörte von der Sache. Ihm kam plötzlich die Erinnerung an den Traumdeuter im Gefängnis. War er wohl noch dort? Er erzählte dem Pharao, wie ihm und dem Bäcker ein hebräischer Jüngling im Gefängnis die Träume gedeutet hatte, wie alles haargenau gekommen war, wie es dieser Jüngling gesagt hatte. Da erteilte der Pharao den Befehl, diesen Traumdeuter-Jüngling aus dem Kerker zu holen und zu ihm zu bringen. Zwei Palastwächter mussten sich zum Gefängnis begeben, und der Mundschenk ging mit ihnen. Er fand unter den vielen Gefangenen den Josef bald heraus. Wie dieser den Mundschenk erblicke, sah er ihn fragend an. Er dachte: ‹Will er mich wieder zu Potiphar bringen?› Der Mundschenk war freundlich, umarmte ihn und sagte: «Siehe, jetzt habe ich an dich gedacht.»

Dem Gefängnismeister zeigte der Mundschenk ein Papyrusblatt mit dem Siegel des Pharao, worauf dieser ihm gleich den Josef übergab. Josef bangte davor, wieder zu Potiphar gebracht zu werden. Er fragte: «Mundschenk, wo bringst du mich hin?» Dieser erwiderte: «Du sollst dem Pharao zwei Träume deuten. Seine Weisen können es nicht. Dem Bäcker und mir hast du die Träume so wahrhaft gedeutet und alles hat sich erfüllt. Dies habe ich dem Pharao erzählt.» Da fragte Josef: «Was hat ihm denn geträumt?» Der Mundschenk antwortete: «Das wissen nur er und seine Weisen. Die Träume des Pharao sind ein Geheimnis. Er wird sie dir erzählen.» Da wusste Josef nicht, sollte er sich freuen oder nahte neues Unheil für ihn?

Im Dienstgebäude des Palastes wurde Josef gewaschen, geschoren, mit duftendem Öl eingerieben und in ein feines Gewand gekleidet. Er wusste nicht, wie ihm geschah, so rasch veränderte sich alles. Der Mundschenk führte ihn in die inneren Königsgemächer. Auf dem Weg dahin unterwies er ihn, wie man sich als Diener vor dem Pharao zu benehmen habe.

Sie betraten den kleinen Thronsaal. Auf einem goldenen Stuhle saß der Höchste, umgeben von seinen Ratgebern. Josef warf sich auf den Boden und berührte dreimal mit der Stirne die Erde. Sodann erhob er sich und schaute dem Pharao geradewegs in die Augen. Dieser ließ einen prüfenden Blick über den Jüngling schweifen. Er fand Wohlgefallen an ihm. «Tritt näher!», sprach er. «Ich habe von dir sagen hören, dass du Träume deuten kannst. Ist dem so?» Josef antwortete: «Höchster Herr, wenn der Geist Gottes in mir aufleuchtet, vermag ich es.» – «So höre meinen Traum!» Nun erzählte Pharao von den sieben fetten und den sieben hässlich mage-

ren Kühen. «Dann hatte ich nochmals einen Traum. Sieben Ähren wuchsen auf einem Halm, voll und schön. Nach ihnen sprossten sieben dünne Ähren, vom Ostwind versengt. Die dünnen Ähren verschlangen die sieben schönen. – Das habe ich meinen Wahrsagern erzählt; aber keiner kann es mir erklären. Was sagst du, Hebräer?»

Josef schloss die Augen. Er schwieg eine Weile und lauschte in sein Inneres. Der Pharao und seine Weisen harrten gespannt in lautloser Stille. Auf einmal öffnete Josef die Augen und begann zu reden: «Erhabener Herr! Beide Träume bedeuten dasselbe. Gott wollte dem Pharao ein Zeichen geben, was in der Zukunft geschehen wird. Die sieben schönen Kühe und die sieben vollen Ähren bedeuten, dass die nächsten sieben Jahre mit großer Fruchtbarkeit gesegnet sind. Danach werden sieben Hungerjahre kommen. Alles Gras wird vertrocknen. Viel Vieh wird sterben. Das gesäte Korn wird von Hitze und Trockenheit versengt. Kein Brot kann mehr gebacken werden. – Dass der erhabene Pharao gleich zwei ähnliche Bilder geträumt hat, will sagen, dass die Sache bei Gott beschlossen ist. Daher lenke der Pharao weise die Geschicke der nächsten sieben guten Jahre. Er setze Amtsleute ein, die Ernten zu versorgen, baue Kornhäuser in großer Zahl. So wird er sein Volk durch die sieben Hungerjahre hindurchretten können.» – Josef schwieg, kreuzte die Arme über die Brust und verneigte sich.

Seine Traumdeutung hatte eine ungeheure Wirkung. Der Pharao war wie vom Blitz der Wahrheit durchzuckt. Keinen Augenblick zweifelte er: Der Hebräer hatte wahr gesprochen. Die Ratgeber nickten zustimmend, und ein aufgeregtes Gemurmel erhob sich.

Als der Pharao sich von der Überraschung erholt hatte, erhob er sich. Alles verstummte. Er redete Josef an: «Hebräer, die Stimme Gottes hat durch dich gesprochen. Da du bei Gott in so hoher Gunst stehst und so weise bist, sollst du auch bei mir in hohe Gunst kommen. Ich setze dich über mein Haus. Du sollst als Stimme der Weisheit mit mir das Volk regieren. Nur um den Thron will ich höher sein als du. In den nächsten sieben Jahren sorgst du dafür, den Überfluss an Korn aufzubewahren. So viele Bauleute, wie du bedarfst, stehen zu deinen Diensten. Ein jeder wird dir gehorchen. Niemand in Ägypten steht über dir als ich, der Pharao.»

Nach diesen Worten zog er einen goldenen Siegelring vom Finger, steckte ihn Josef an die Hand und sprach: «Mit diesem Befehlsring gebe ich dir einen ägyptischen Namen. Man nenne dich fortan *Zaphnat Paneah*, der Brotbringer.» Sodann ließ er eine goldene Kette um seinen Hals legen mit allen Zeichen der Würde. Josef wusste nicht, wie ihm geschah. Träumte oder wachte er? Er kniete vor dem Pharao nieder, geblendet von seinen Worten, seiner Gunst. Der Höchste gab ihm ein Zeichen, sich ihm zu nähern, und lud ihn ein, auf einem Sessel an seiner Seite Platz zu nehmen.

Auf einen Wink brachten Diener einen prächtigen Mantel und hängten ihn Josef um die Schultern. Sodann erhielt er eine Wohnung im Palast mit Dienern, Wagen und Pferden. An einem bestimmten Tag zeigte sich der Pharao mit seinem Königswagen in der Stadt. Neben ihm saß Josef-Paneah. Musikinstrumente erklangen. Ausrufer verkündeten: «Hier kommt der Pharao und sein Vizekönig Zaphnat Paneah, der Brotbringer. Erweist ihnen Ehre!» Das Volk verneigte sich, jubelte und grüßte, ein jeder auf seine Weise; denn der Pharao hatte erlaubt, dass man das Wunder der Traumdeutung überall erzähle. Mitten unter der jubelnden Menge erblickte

Josef eine Gestalt, die ihn anstarrte. Es war die Frau des Potiphar. Einen Augenblick durchzuckte ihn der Gedanke: ‹Jetzt kannst du sie strafen für ihre Lügen!› Dann aber wich dieser Gedanke einem anderen: ‹Es war auch ihre Liebe, die mich ins Gefängnis gebracht hat; nie wäre ich sonst dem Mundschenk, dem Pharao begegnet. Auch sie hat meinen Weg mitbestimmt. Ich verzeihe ihr!›

Bald einmal musste Josef mit eigenem Wagen und Beamten das ganze Land durchreisen, um es kennenzulernen und um die Erträge der reichen Ernten aufschreiben zu lassen. Wo er hinkam, befahl er, Kornspeicher zu bauen. Darin wurde der Überfluss des Getreides gelagert. Wie verkündet, war in diesem ersten Jahr die Ernte so fett und reich, dass die Bauleute fast nicht mitkamen, für all die Fülle von Getreide neue Speicher anzulegen. Und sie lagerten vieles in trockenen Höhlen. So ging es Jahr um Jahr.

Der Pharao gab Josef die edle Tochter eines Priesters zur Frau. Sie gebar ihm die beiden Söhne Manasse und Ephraim. So lebte Paneah in großer Arbeit und rastloser Tätigkeit, umgeben von Glanz und Herrlichkeit. Kein Stolz und Übermut kamen in ihm auf. Zu tief hatte er das Elend der Welt an sich selbst erfahren.

Die Hungerjahre

Als sieben Jahre der Fülle um waren, begannen die schlechten Zeiten, wie Josef es verkündet hatte. Trockenheit ließ die grünenden Felder ersterben. Es gab nicht nur Missernten in Ägypten, sondern auch in den umliegenden Ländern. Bis hinüber nach Kanaan, wo Vater Jakob und Josefs Brüder lebten, herrschte große Not. Aus vielen anliegenden Ländern zogen Menschen nach Ägypten, um aus Paneahs Kornspeichern Getreide zu kaufen. Mit jedem Jahr der Missernte stieg sein Ansehen im ägyptischen Volke. Die Rede ging um: «Wir alle verdanken dem Brotgeber Paneah unser Leben. Ohne seine Kornspeicher würden wir verhungern.»

Im Lande Kanaan gab es nicht mehr ein einziges Pfund Korn. Gelegentlich zog eine Karawane auf dem Rückweg von Ägypten vorbei und verkaufte mitgebrachtes Getreide in kleinen Mengen für teures Geld. Vater Jakob sprach zu seinen Söhnen: «Der Hunger hat auch unser Land erfasst. Die Hälfte der Herden mussten wir schon abschlachten. In Ägypten, so hört man, gibt es Korn zu kaufen. Nehmt einige Kamele und zieht dorthin. Seht zu, dass ihr für uns Korn kaufen könnt!» Da machten sich zehn der Brüder auf die Reise. Den Benjamin wollte der Vater bei sich behalten.

Als die Brüder nach wochenlanger Reise in Ägypten ankamen, wurden sie zu den Kornspeichern der Pharaonenstadt gewiesen. An diesem Tag beaufsichtigte Paneah persönlich den Verkauf des Korns. Auf einmal erblickte er zehn Männer mit ihren Kamelen, die um Getreide baten. Obwohl etwa zwölf Jahre vergangen waren, erkannte er in ihnen sogleich seine Brüder. Sie aber konnten Josef-Paneah in seiner ägyptischen Bart- und Haartracht und in seinem Schmuck unmöglich erkennen. Weil Josef die Brüder prüfen wollte, redete er nicht in ihrer Sprache, sondern bestellte einen Dolmetscher, um mit ihnen zu reden. Er trat auf sie zu und fuhr sie hart an: «Wo kommt ihr her, Fremdlinge?» Sie erschraken und sahen verwirrt auf den fürstlichen Ägypter, der von Dienern umgeben war. Ruben, der Älteste, verneigte sich tief und antwortete: «Wir kommen aus dem Lande Kanaan, hoher Herr, und bitten, Getreide kaufen zu dürfen!» Paneah antwortete hart: «Ihr seid wohl Spione, die das Land und seine Getreidevorräte auskundschaften wollen?» Entsetzt antwortete Ruben: «Herr, dem ist nicht so. Wir alle sind Söhne vom selben Vater, zwölf an der Zahl und ehrliche Leute.» Paneah ließ nicht locker und fragte: «Lebt euer Vater noch? Wo sind die zwei fehlenden Brüder?» Da antwortete Ruben: «Der jüngste ist beim Vater geblieben, und der andere … ist nicht mehr.» Paneah erwiderte: «So wahr der Pharao lebt, ihr sollt nicht von hinnen, bis einer von euch den jüngsten Bruder mir hierhergebracht hat. Die anderen bleiben derweil gefangen. So können wir prüfen, ob eure Rede wahr ist.» Paneah ließ sie gefangen setzen und übergab die Kamele einem Knecht zur Pflege. Die zehn Brüder waren völlig verzweifelt. Ruben aber sprach zu den anderen: «Seht, unsere Missetat an Josef rächt sich jetzt. Nach Ägypten habt ihr ihn verkauft, Ägypten schlägt zurück und wird uns alle ins Elend bringen.» Drei Tage und Nächte blieben sie fast schlaflos in Furcht und Zerknirschung.

Am dritten Tag erschien Paneah und sprach: «Ich habe es anders beschlossen. Einer von euch bleibt hier gefangen. Die anderen reisen mit dem Getreide zurück. Dann kommt ihr alle wieder und bringt euren Jüngsten. Beratet unter euch, *wen* ihr hier zurücklassen wollt.» Paneah wartete an der Tür. Durch den Vorhang verstand er das Flüstern in ihrer hebräischen Sprache. Ruben sprach: «Habe ich euch nicht gesagt, versündigt euch nicht an Josef? Nun kommt sein Blut über uns!» Und Simeon erinnerte: «Wie hat er uns angefleht, dass wir ihn nicht nach Ägypten verkaufen. Unsere Ohren waren taub. Nun straft uns Gottes Gerechtigkeit. Ich will gefangen in Ägypten bleiben, bis ihr mit Benjamin zurückkehrt!»

Paneah ließ Simeon vor den Augen seiner Brüder binden; dann entließ er die anderen neun. Er hatte den Auftrag gegeben, dass man den Hebräern die Säcke mit Korn fülle und ihnen obendrauf ihr Geld wieder hinlege. Ebenfalls befahl er, den Israeliten gute Wegzehrung mitzugeben. Sodann wurden sie mit ihren Kamelen entlassen.

Als sie einige Tage unterwegs waren und einem Herbergswirt etwas Korn als Zahlung für die Übernachtung geben wollten, öffnete einer einen Sack und fand obenauf das Kaufgeld liegen. Die Brüder erschraken sehr, als sie dies gewahrten, und der Mut verließ sie; denn ein jeder fand in seinem Getreidesack ebenfalls das Geld obenauf. Irgendetwas musste der Ägypter gegen sie im Schilde führen. Wollte er etwa alle elf als Sklaven gewinnen? Bekümmert setzten sie die Reise fort. Bei Vater Jakob in Kanaan angekommen, erzählten sie den Hergang der ganzen Reise und dass sie Simeon dort lassen mussten. Der Vater jammerte: «Den Josef hab ich verloren! Simeon ist weg, und nun soll ich noch Benjamin und euch alle hingeben?» Ruben sprach: «Wenn wir dir Benjamin nicht wieder zurückbringen, kannst du meine eigenen zwei Kinder töten!» Juda beschwor: «Vater, ich bürge für Benjamin!» Aber Vater Jakob konnte sich nicht entschließen, die Söhne wieder nach Ägypten zu lassen. Nach einiger Zeit war das ägyptische Getreide aufgezehrt und die Hungersnot bedrückte weiter das Land. So ließ Jakob die Söhne schweren Herzens mit Benjamin ziehen. Sie nahmen doppeltes Geld mit sich, für den Fall, dass man das zurückgegebene von ihnen fordern würde. Je näher sie Ägypten kamen, umso unheimlicher wurde es den Brüdern zumute. Die Kunde von ihrer Ankunft in der Pharaonenstadt drang sogleich zu Paneah. «Die Hebräer sind zurückgekehrt.» Er befahl, die Männer aus Kanaan in sein Haus zu führen. Die Brüder befürchteten, es sei des Geldes wegen. Einer sprach: «Man wird über uns herfallen und uns alle zu Sklaven machen!» Man hatte auch Simeon ins Haus gebracht. Als Paneah vor ihnen erschien, warfen sich alle elf zu Boden und verneigten sich bis zur Erde vor ihm. Er war freundlich und hieß sie aufstehen. Als er seinem geliebten Bruder Benjamin ins Antlitz schaute, der ja unschuldig war, stiegen ihm die Tränen in die Augen. So tief war seine Seele bewegt, dass er rasch nebenan in eine Kammer verschwand und weinte. Nachdem er sein Angesicht gewaschen hatte, kam er zurück und befahl den Dienern des Palastes, für alle Gäste im Saal das Essen aufzutragen. Erstmals waren die zwölf Brüder wieder zu einem Mahle versammelt, und die elf wussten immer noch nicht, wer ihr Gastgeber war.

Noch einmal wollte Josef seine Brüder prüfen. Den Korndienern gebot Paneah: «Füllt die Säcke der Hebräer mit Korn. Legt ihnen in die Säcke das Geld zurück. Meinen silbernen Becher legt in den Sack des Jüngsten obenauf.»

Kaum hatten die Brüder die Stadt verlassen, wurden sie von einem Trupp Reiter eingeholt und gezwungen anzuhalten. Der Anführer rief: «Einer unter euch hat den silbernen Becher unseres Fürsten Paneah mitgenommen!» Ruben sprach: «Das kann nicht sein. Das ist ein Irrtum. Bei dem er gefunden würde, der sei des Todes!» Sie öffneten ihre Säcke. Der Becher fand sich bei Benjamin. Alle entsetzten sich. Der Wachtmeister sprach: «Diesen, euren Jüngsten, nehme ich mit. Er muss meines Herrn Sklave sein und für immer in Ägypten bleiben. Ihr anderen seid frei!» Doch ohne Benjamin wollten und konnten die Brüder nicht zurück in die Heimat zum Vater. Also begaben sich alle wieder zurück ins Haus von Paneah. Und noch einmal warfen sie sich nieder vor dem hohen Herrn. Juda trat hervor: «Edler Fürst, wir wissen nicht, wie der Becher in den Getreidesack kam. Ich habe mich bei unserem alten Vater für Benjamin verbürgt mit meinem Kopf, dass wir ihn heil wieder zurückbringen. Nimm *mich* als Sklave. Kehrt Benjamin nicht zurück, wird es unser alter Vater nicht überleben und ins Schattenreich der Toten fahren. Das hat er gesagt.» Da konnte sich Josef-Paneah nicht länger halten. Er befahl den ägyptischen Wächtern, hinauszugehen, damit er mit den Hebräern allein sei. – Er ging auf Benjamin zu, nahm ihn bei den Händen und sprach in reinem Hebräisch: «Ich bin Josef, euer verlorener Bruder!» Da fuhr den Brüdern der Schreck in alle Glieder, sodass sie vor Angst ganz steif wurden. Nur dem Benjamin nicht. Er umschlang den so lange verlorenen Lieblingsbruder. Josef konnte seine Tränen nicht mehr verbergen. Er sprach zu den Brüdern: «Tretet ohne Furcht näher zu mir. Ja, ihr habt mich nach Ägypten verkauft; aber es lag in Gottes Willen, dass es geschah. So darf ich jetzt ungezählten Menschen ihr Leben erhalten, die sonst Hungers gestorben wären. Zwei Jahre dauert die Not, und sie wird noch weitere fünf Jahre andauern. Seht, Gott der Herr hat mich zum Freund und Mitregenten des Pharao gemacht. Ihr aber sollt alsbald zurück zum Vater gehen. Bringt ihm meinen Gruß und richtet aus, er solle mit euch, euren Frauen, Kindern und allem Gesinde hier nach Ägypten ziehen. Ich werde euch Land und Hütten geben und durch die kommenden fünf Hungerjahre ernähren.»

Diese Worte, und was sie offenbarten, konnten die Brüder kaum fassen. Doch Josef trat zu ihnen, umarmte einen jeden und gab einem jeden den Bruderkuss der Versöhnung. Da zerflossen die Herzen der Brüder in Reue und Dankbarkeit, und ihre Tränen schwemmten alle ausgestandene Furcht hinweg.

Die Kunde, dass Paneahs Brüder gekommen waren, verbreitete sich wie ein Lauffeuer durch die Stadt. Selbst der Pharao ließ sie zu sich rufen, und er freute sich über die wunderbare Schicksalsfügung. Er stellte Pferde und Wagen, damit der Vater Josef-Paneahs, die Frauen und kleinen Kinder gefahren werden könnten. Josef schenkte ihnen Kleider und gab reichliche Zehrung mit auf den Weg.

So reisten nicht nur einige Kamele, sondern eine lange Karawane nach Kanaan zurück. Ruben, dem Ältesten, kam es zu, kurz vor der Ankunft in der Heimat vorauszureiten, um den Vater auf das Bevorstehende vorzubereiten. Als er den Hütten und Zelten nahte, sprangen ihm seine beiden Knaben entgegen, die den Reiter zuerst erkannt hatten. Bald kamen die Frauen und das Gesinde herbei. Ruben begrüßte sie alle; aber dann begab er sich sogleich zu Vater Jakobs Hütte. Dieser hatte den Lärm draußen vernommen und war in seinem dunklen Gewand vor den Eingang getreten. Als er Ruben ganz allein auf sich zukommen sah, erschrak er. Doch der Älteste schloss ihn freudig in die Arme und sprach: «Vater, sie kommen alle, alle! Auch Simeon und Benjamin bringen wir mit! Ich bin vorausgeritten, dir die gute Botschaft zu bringen.» Da hellte sich das Antlitz Jakobs auf. Er blickte aufwärts und sprach: «Dank sei dir, o Gott!» – Eine Weile später saß Ruben allein mit Vater Jakob in seiner Hütte. Und nun erzählte er, was sie auf dieser Reise in Ägypten erlebt und erfahren hatten mit dem Fürsten und Brotgeber Paneah. Er erzählte vom Gastmahl mit Paneah. «Und auf einmal, o Vater, schickte er alle Diener hinaus. Er begann hebräisch zu sprechen. Er sagte: ‹Kennt ihr mich nicht? Ich bin Josef, euer zwölfter Bruder. Gottes Wille hat mich nach Ägypten geführt!›» Wie Ruben das gesagt hatte, erhoben sich die Arme des Vaters; weit öffneten sich seine Augen. Langsam bedeckte er sie mit seinen Händen. Ein solcher Friede kam über ihn, dass Ruben fürchtete, seine Seele möchte entschweben. Aber er breitete die Arme wieder aus. Seine Augen leuchteten, als schauten sie in weiter Ferne den Lichtschein der Himmelsleiter. Dann kam leise über seine Lippen: «Josef lebt! – Er lebt!» – «Ja, Vater, er lebt!»

Ruben schwieg eine lange Weile. Des Vaters Blick wendete sich von ihm. Er fragte: «Wie kam Josef nach Ägypten, und warum kam er nicht früher zurück?» Da warf sich Ruben zu des alten Vaters Füßen, umschlang seine Knie und begann zu weinen. Als er endlich die Worte wiederfand, sprach er: «Vater, vergib uns, deinen Söhnen, unsere Schuld!» Und er erzählte von jenem Tag, als Josef in den Brunnen geworfen wurde. Wie er, Ruben, in der Nacht herumirrte, um ihn heimlich mit einem Strick herauszuholen und zu befreien. Wie ihn die Brüder aber schon einer Karawane übergeben hatten, die nach Ägypten unterwegs war. Ruben wiederholte die Worte, die Josef zu ihnen beim Gastmahl gesprochen: «Ihr habt mich nach Ägypten verkauft, aber es lag in *Gottes Willen*, dass dies geschehen musste. So darf ich jetzt unzähligen Menschen ihr Leben erhalten, die sonst Hungers sterben müssten. Gott hat es gefügt. Geht zum Vater zurück, bringt ihm meinen Gruß. Er soll mit euch und euren Frauen, Kindern und allem Gesinde hier nach Ägypten kommen. Ich werde euch Land und Hütten geben und euch durch die folgenden fünf Hungerjahre ernähren!»

Als Ruben geendet hatte, hörte man draußen Jubel und laute Rufe. Die anderen Brüder nahten mit der Karawane, mitsamt dem Korn und den Geschenken Josefs. Ruben bedeutete den Brüdern, dass Vater Jakob alles wisse. Ein jeder umschlang bei der Begrüßung des Vaters Knie und ließ sich die Verzeihung geben. Noch am selben Tag kleidete sich Vater Jakob in ein Kleid aus weißer Wolle.

Die große Reise nach Ägypten

In der Nacht redete zu Jakob die göttliche Stimme: «Fürchte dich nicht, nach Ägypten zu ziehen. Ich werde mit euch sein und dich und deine Söhne dort zu einem großen Volk machen. Zu seiner Zeit werde ich euch wieder zurückführen in das Land Kanaan.»

So verließen Jakob und seine Söhne mit einem langen Zug von Wagen, Trag- und Reitkamelen die Heimat. Beschwerlich war die weite Reise, aber ein guter Stern begleitete sie. Als die Karawane ägyptisches Land betrat, meldeten rasche Reiter dem Josef die Ankunft der Hebräer. Er ließ einen Wagen mit den schnellsten Pferden anspannen und fuhr dem Zug entgegen. Als er den Vater erblickte, fiel er ihm in die Arme, und er schämte sich seiner Tränen vor dem Volk nicht.

Pharao wies den Brüdern Josefs das fruchtbare Land Gosen als ihren Wohnsitz an. Er ließ den alten Vater zu sich kommen und versicherte ihn der Freundschaft des ägyptischen Volkes. Noch siebzehn Jahre lebte Vater Jakob in Ägypten. Er erlebte, wie die Stämme seiner zwölf Söhne zu einem kleinen Volk heranwuchsen. Er gab dem Volk den Namen Israel, den ihm Gott auf dem Berg Morija offenbart hatte. Josef musste seinem Vater versprechen, nach seinem Tode seinen Leib im Lande Kanaan zu beerdigen im Grabe Sarahs. Und so geschah es.

Ein neuer Pharao

Solange Josef lebte, erging es dem Volk seiner Brüder, den Israeliten, gut. Sie bauten Häuser, bepflanzten Äcker und züchteten Herden. Immer größer wurde ihr Zahl. Die Brüder hatten Kinder und Kindeskinder und ebenso das Gesinde, das aus Kanaan mitgekommen war. Ein neuer Pharao kam ans Regiment. Als Josef starb und seine Seele sich in der oberen Welt den Vätern zugesellte, wurde sein Leichnam nach ägyptischem Brauch einbalsamiert. In der Nähe des Nilstromes baute man ihm ein würdiges Grab. Weit herum im Lande herrschte Trauer, als man seinen Sarg zur Erdengruft führte.

Die Zeiten gingen vorüber. Geschlecht folgte auf Geschlecht. Wiederum kam ein neuer Pharao auf den Thron, der wusste nichts mehr von Josef. Die Israeliten waren ein starkes Volk geworden. Es gab Ägypter, die befürchteten, eines Tages könnte das Volk Israel sich erheben und die Macht über ganz Ägypten an sich reißen.

Die Ratgeber sprachen zum Pharao: «Sieh, das Volk Israel ist bald so stark wie wir, die Ägypter. Viele haben wir als Krieger ausgebildet in unserem Heer. Sie sind tapfere, kühne Kämpfer. Lasst uns auf Rat sinnen, wie wir dieses Volk schwächen können; denn eines Tages könnten sie sich über uns erheben.» Der Pharao schlug vor: «Wir lassen die beiden großen Städte Pithom und Ramses mit Bauwerken befestigen. Das ist eine Riesenarbeit. Das wird ihre Kräfte schwächen. Lasst die Arbeit im Lande Gosen ausrufen. Zahlt zuerst guten Lohn. Nach und nach werden scharfe Aufseher eingesetzt. Wenn wir dann die israelitischen Bauleute gut im Griff haben, geben wir ihnen immer weniger Lohn, nur noch das Essen. Wir zwingen sie zur Arbeit; dann werden sie unsere Sklaven sein.»

Dieser Vorschlag des Pharao fand Beifall, und so wurden die Israeliten zu Tausenden als Arbeiter angeworben. Tag und Nacht brannten die Ziegelöfen. Von weither mussten sie Steinblöcke heranschleppen zur Befestigung der Städte. Der Lohn wurde geringer, bis er ganz ausblieb. Nun wurden sie von harten Vögten und Aufsehern zur Arbeit getrieben. Peitsche und Schlagstock kamen in Gebrauch. Wer sich widersetzte, war des Todes.

Die Ratgeber des Pharao ersannen noch etwas Schlimmeres, um das Volk zu schwächen: Die Kinderfrauen der Hebräer, die den Müttern bei der Geburt halfen, ihre Kinder zur Welt zu bringen, bekamen den Befehl, bei jeder Geburt eines Knaben diesen gleich umzubringen und beiseite zu schaffen. Mädchen durften am Leben bleiben. Aber heimlich ließen die Kinderfrauen, wo sie konnten, die Knaben am Leben.

Zu dieser Zeit hatte der Pharao einen seltsamen Traum. Er sah die hohe Gestalt eines Greises. Dieser hielt eine große Waage mit zwei Schalen in der einen Hand. Mit der anderen nahm er Ägyptens Fürsten und legte sie in die eine Schale. In die andere legte er ein Lamm, und das wog schwerer als alle Gewaltigen des Reiches.

Der Pharao ließ seinen Zauberer, der *Bileam* hieß, kommen, den Traum zu deuten. Dieser sprach: «Das Lamm ist das Zeichen für das Volk Israel. Mit Feuer kannst du sie nicht schwach machen, denn ihr Gott hat Abraham aus dem Feuerofen errettet. Mit dem Schwert kannst du sie nicht vertilgen; denn Isaak wurde vor dem Schwerte bewahrt. Mit Wasser kannst du sie nicht schwächen: Lass fürderhin alle neugeborenen Kinder in das Wasser des Nils werfen.» So sprach der Zauberer Bileam, und Pharao gab den Befehl, dies durch Kriegsknechte ausführen zu lassen.

Alle kleinen Knaben, die noch nicht gehen konnten, wurden in den Nilstrom geworden, wenn man sie entdeckte. So kam großes Leid über die Mütter Israels.

Moses

Moses Geburt und Jugend

Die Hebräerfamilie des Amram hatte zwei Kinder, den Knaben Aron und seine Schwester Mirjam. Eines Tages gebar die Frau Amrams einen Knaben, als eben das Tötungsgesetz erlassen war. Als die Mutter das Knäblein an ihre Brust nahm, gewahrte sie um es einen feinen Glanz. Sie beschloss, den Knaben zu retten. Drei Monate lang war es ihr schon gelungen, das Kind versteckt zu halten, als ein neues Kindermorden durch Pharaos Knechte begann. Der Mutter kam ein Gedanke. Sie machte aus Schilfrohr ein Kästchen und verklebte es mit Harz und Pech, sodass kein Wasser eindringen konnte. Sie legte den Knaben hinein. Das Kästchen versteckte sie am Ufer des Nilstroms. Ihre Tochter Mirjam musste in einiger Entfernung Wache halten. Es war ein sehr heißer Tag. Bithja, die Tochter des Pharao, begab sich mit ihren Jungfrauen an das Ufer des Nilstromes, um zu baden. Als sie in einer kleinen Schilfbucht ins Wasser stieg, erblickte sie in der Nähe im Schilf ein schwimmendes Kästlein. Sie gebot einer Magd, es herbeizuholen. Als sie es öffnete, lag darin ein Knäblein und begann zu weinen. Bithja beugte sich über das Kästchen. Da begann das Knäblein zu lächeln und streckte der Prinzessin die Arme entgegen. «Oh weh», sprach sie, «das ist wohl ein Hebräerkind, das getötet werden sollte.» Sie nahm es in die Arme und freute sich an dem Kleinen. Unbemerkt war Mirjam herangetreten und redete Bithja an: «Soll ich eine Hebräerfrau holen, die seinen Durst stillen kann?» – «Gerne», antwortete

die Prinzessin, «der Knabe ist so süß!» Nun eilte Mirjam und holte ihre Mutter herbei. Als die beiden zu der Prinzessin kamen, war sie umringt von den Gespielinnen. Sie scherzte mit dem Knäblein und sprach: «Das soll mein lebendiges Spielzeug sein. Ich will es behalten! Sein Name soll *Moses* heißen.» (Dieses Wort bedeutete in Ägyptisch: der aus dem Wasser Gezogene.) Zur Hebräerin sagte sie: «Dieses Kind steht unter meinem Schutz. Nimm es nach Hause. Heute noch wirst du von mir einen Schutzbrief für das Kind erhalten. Von Zeit zu Zeit bringst du es mir in den Palast, dass ich mich an ihm erfreue und mit ihm spielen kann. Für jeden Tag zahle ich dir einen Silberling.»

Es ging alles, wie Bithja sagte; denn der Vater erfüllte ihr jeden Wunsch. Welches Glück erfüllte die Mutter und Mirjam! Moses war gerettet, und der Schutzbrief war vom Pharao gesiegelt.

Als der Knabe zwei Jahre alt war, erklärte Prinzessin Bithja: «Von nun an will ich ihn immer im Palast bei mir haben.» Mirjam und die Mutter durften von Zeit zu Zeit Moses besuchen und mit ihm hebräisch sprechen. Bithja sprach ägyptisch mit ihm. Noch immer wusste sie nicht, dass Mirjam die Schwester und die Pflegerin die Mutter des Moses waren.

Die brennende Kohle

Es war im dritten Jahr nach Moses' Geburt. Pharao saß am Tische, zu seiner Rechten die Königin, zur Linken die Prinzessin Bithja, der Knabe Moses auf ihrem Schoß. Zum Essen waren ebenfalls hohe Beamte und wie immer der Zauberer

Bileam eingeladen. Mitten im Essen griff der Knabe Moses nach dem goldenen Kronreif des Pharao und setzte sich ihn auf seinen Kopf. Das war blitzschnell geschehen. Ein Schreck bemächtigte sich der Edlen, die zu Tische saßen. Bithja setzte dem Vater rasch wieder die Krone auf. Dieser bekam ein finsteres Gesicht, und er fragte: «Was soll mit einem Hebräerknaben geschehen, der solches tut?» Bileam, der Moses von Anfang an nicht leiden mochte, sprach: «Pharao, denke nicht, dass das ein bloßes Spiel war. Dieser kleine Moses hat schon guten Verstand. Wenn er groß ist, wird er nach der Herrschaft über Ägypten streben. Ich schlage vor, sein Blut in die Erde zu vergießen!» Am Tische saß ein hoher Richter des Landes. Der Engel Gottes gab ihm einen guten Gedanken. Er sprach: «Pharao, der Knabe ist noch sehr jung. Prüfe zuerst, ob er's mit Verstand gemacht hat. Lass zwei Schalen hereintragen. Auf die eine lege Edelsteine, auf die andere glühende Kohlen. Der Knabe soll wählen. Greift er nach den Edelsteinen, sei er des Todes; dann weiß er, was kostbar ist. Greift er nach den Feuerkohlen, ist er noch unwissend und kann am Leben bleiben; dann hat er es ohne Verstand getan.»

Der Pharao war mit diesem Vorschlag einverstanden. Als man die beiden Schalen brachte, streckte Moses die Hand gegen die glitzernden Steine; aber der Engel lenkte sie unsichtbar ab zu den glühenden Kohlen. Moses berührte sie und schrie auf. Ein Stück Haut eines Fingers war verbrannt. Bithja strich ihm Öl auf die Wunde und tröstete ihn. Der Pharao war nun überzeugt, dass der Knabe nur im Spiel das Glänzende auf seinem Haupt ergriffen hatte. Moses blieb am Leben, wenn auch Bileam grollte und nicht einverstanden war. Von da an braute er üble Gedanken, wie der Mosesknabe wegzuschaffen wäre.

Moses und die Ägypter

Moses trug als Jüngling, wie die Prinzen des Pharao, schöne Kleider. Wie diese bekam er Unterricht von weisen Lehrern. Da er großen Verstand und gute Art zeigte, gab er den Prinzen ein Beispiel, das der Pharao sehr schätzte. So kam er auch in dessen Gunst. Als Moses vierzehn Jahre alt war, besuchte er Mirjam und seine Eltern. Die Schwester erzählte ihm, als sie alle beisammensaßen: «Wir haben dir bis jetzt immer ein Geheimnis vorenthalten. Nun bist du alt genug und kannst es erfahren. Moses, du bist mein Bruder, mein wirklicher Bruder, und hier meine Mutter ist *deine* Mutter. Hier, Amram ist dein Vater, und dein Bruder heißt Aron.» Nun erzählte ihm Mirjam die Geschichte seiner ersten Lebensmonate und schilderte das Leid der israelitischen Mütter, denen man die Knaben tötete. Moses hörte zum ersten Mal von Josef, Jakob und Isaak, von Abraham, der aus dem Lande Ur und Babylon gekommen war. Moses nahm das alles mit großer Verwunderung auf. Er sprach: «Nun weiß ich, warum ich immer so gerne zu euch gekommen bin und warum ihr meinem Herzen näher steht als Pharao und Bithja. Mein Blut sagte es mir: Ich bin ein Israelite!» Gegenüber Pharao und Bithja war Moses dankbar, und besonders Bithja war ihm wie eine ältere Schwester. Immer wieder kam er von Zeit zu Zeit zur Mutter, zu Mirjam und dem Vater. Sein Bruder Aron musste auch schwere Sklavenarbeit für die Ägypter verrichten. Moses sah, wie sein Volk gequält wurde und nie einen Ruhetag hatte. Er machte sich Gedanken, wie man das ändern könnte.

Als Moses zum reifen Jüngling erwachsen war, trat er eines Tages vor Pharao und sprach: «Höchster Her, du bist mir allzeit gnädig. Darf ich heute eine besondere Bitte an dich richten?» Pharao antwortete: «Sag, was dich bewegt!» Moses antwortete: «Wäre es nicht möglich, dass mein Volk, die Hebräer, durch deine Gunst die Gnade erhalten, jede Woche einen Ruhetag zu feiern? Sie könnten dann mit neuer Kraft an die Arbeit gehen.» Nach einigem Besinnen antwortete Pharao: «Ich will deine Bitte erfüllen.» So kam es, dass die Israeliten durch Moses einen Sabbat-Feiertag halten durften. Bileam jedoch ärgerte sich über dieses Zugeständnis.

Einmal begab sich Moses wieder ins Land Gosen auf Besuch, wo Vater, Mutter und Geschwister jetzt wohnten. Unterwegs kam er an einem Platz vorbei, wo Israeliten fast nackt in der sengenden Sonne arbeiteten. Da ertönten von einer etwas abseits gelegenen Stelle her Schreie. Ein Aufseher schlug mit der Peitsche einen Israeliten blutig. Der Zorn wallte in Moses auf. Er sprang hinzu, riss dem Ägypter die Peitsche aus der Hand, und mit voller Wucht schlug er ihn mit dem Peitschenstiel über den Kopf. Er traf ihn so unselig, dass der Getroffene tot in den Sand stürzte. Der blutende Hebräer half Moses rasch, die Leiche im Sand zu verscharren.

Die Tat des Moses war aber nicht unbeobachtet geblieben. Man machte dem Pharao Meldung. Bileam sprach: «Siehst du, jetzt beginnt er schon damit, Ägypter zu erschlagen. Bald wird auch der Pharao drankommen!» Pharao geriet in Furcht und gebot, Moses heimlich zu ermorden. Bithja war die Klage über Moses nicht verborgen geblieben. Als er nun des Nachts heimkehrte, begab sie sich mit einem Licht zu seiner Kammer und erzählte ihm, dass sein Leben in Gefahr sei: «Geh, verlass für eine Weile den Palast und die Stadt. Ich hoffe, dass sich der Zorn des Pharao wieder legt, dann kann ich Mirjam Bescheid geben; aber jetzt bist du nirgends deines Lebens sicher.» Der

Engel des Herrn gab Moses solche Furcht ein, dass er noch in der gleichen Nacht aufbrach und Ägyptenland verließ. Von dieser Zeit an legte sich die Hand des Pharao noch schwerer auf die Israeliten, und auch der Sabbat wurde ihnen wieder genommen.

Moses in Midian

Lange Irrwege musste Moses gehen, bis er in das Land Midian kam. Der Engel des Herrn ließ ihn wissen, dass er hier in diesem Lande bleiben könne. Eines Abends kam er zu einem Brunnen und ruhte in der Nähe. Eben begannen midianitische Mädchen ihre Schafherden zu tränken. Da kamen Hirten und drängten die Mädchen vom Brunnen weg. Moses, in dem immer der Gerechtigkeitssinn wach war, wies die Hirten zurecht und half den Bedrängten, ihre Schafe zu tränken. Die Hirten wagten nicht, den Fremden, der von großer und kräftiger Gestalt war, anzugreifen. Unter den Hirtinnen befanden sich sieben Schwestern, die sieben Töchter des Priesters Jethro. Als sie heimkehrten, erzählten sie dem Vater: «Ein ägyptisch gekleideter Mann hat uns heute vor den Hirten beschützt, deshalb sind wir so früh zurück.» Da fragte Jethro: «Warum habt ihr den Mann nicht als unseren Gast hierhergebracht?» Er schickte sogleich nach dem Fremden und lud ihn in sein Haus ein.

Moses gefiel es bei Jethro. Schon am nächsten Tag half er die Herden besorgen und die Tiere tränken, und er blieb bei Jethro. Von der Weisheit des Priesters konnte er viel lernen, und da dieser Vertrauen in Moses hatte, gab er ihm seine

Tochter Zippora zur Frau. Sie schenkte ihm die beiden Söhne Gersom und Elieser.

Einst weidete Moses die Herde bei der Wüste Sin. Es begab sich, dass ihm gegen Abend ein Zicklein entlief, dem Berge Horeb zu. Dieser Berg hieß im Volke der «Berg Gottes». Moses machte sich auf, das Zicklein zu suchen. Auf einmal erblickte er in einiger Entfernung einen Dornbusch, der zu brennen schien. Wer hatte hier Feuer gelegt? Moses eilte näher. Er konnte nicht begreifen, dass kein Rauch aufstieg und dass der Busch nicht verbrannte. Wie er näher trat, schlugen die Lichtflammen höher. Eine göttliche Stimme erklang aus dem Feuer: «Moses, Moses!» Er antwortete: «Hier bin ich.» Die Stimme sprach weiter: «Tritt nicht heran. Die Stätte, auf welcher du stehst, ist heiliges Land. Ziehe die Schuhe von den Füßen.» Moses tat also und steckte den Hirtenstab in die Erde. Die Gottesstimme fuhr fort: «Du bist auserwählt, dein armes Volk aus der Gewalt der Ägypter zu befreien. Geh zurück nach Ägypten, tritt vor Pharao. Ich werde bei dir sein.» Moses entgegnete: «Und wenn der Pharao und das Volk mir nicht glauben wollen?» Da antwortete Gott der Herr: «Ich werde dir Kraft geben, Zeichen und Wunder vor ihnen zu tun. Sie werden dir glauben. Gehe mit den Ältesten des Volkes zu Pharao. Fordere, dass er das Volk Israel ziehen lässt. ICH-BIN der ICH-BIN, der Gott deiner Väter und Israels; dem Volke kannst du meinen Namen JAHWE nennen.» Noch einmal zagte Moses und sprach: «Ach Herr, ich bin nicht stark in Worten, meine Zunge ist mir oft schwer.» Der Herr antwortete: «Nimm deinen Bruder Aron mit dir. Er ist schon unterwegs zu dir. Sein Wort ist kräftig. Ich werde dir und ihm das Wort in den Mund legen. Ich segne deinen Stab, mit ihm wirst du Wunder tun!»

Da verschwand das Feuer aus dem Busch und verglühte hinauf in die Sterne. Moses blieb knien. Er spürte: Das Feuer, das ihn durchwärmte, leuchtete weiter in seinem Herzen. Es war das Feuer des Mutes, das in ihm glühte. Er ergriff den Stab und verneigte sich nochmals in Ehrfurcht vor der Stelle, da Gott der Herr zu ihm aus dem Feuer gesprochen hatte. Als er wiederum in die Schuhe schlüpfte, kam das Zicklein herangesprungen. Moses nahm es auf die Arme und trug es zur Herde zurück.

Da Jethro ein Priester war, konnte Moses ihm von seinem Erlebnis beim Dornbusch erzählen, und auch zu Zippora sprach er von seinem Auftrag, den er in Ägypten zu erfüllen hatte. Gerne ging sie mit ihm und den beiden Söhnen nach Ägypten. Zippora ritt auf einem Esel. Moses trug den gesegneten Stab, und die Buben liefen munter mit.

Dem Bruder des Moses, Aron, war der Herr erschienen in der Nacht und sprach zu ihm: «Wandere Moses entgegen in die Wüste. Er kommt zurück nach Ägypten.» Der Engel des Herrn führte ihn so, dass sie sich unterwegs begegneten. Moses tat seinem Bruder alles kund, was sie beide im Auftrage Gottes zu vollbringen hatten, um das Volk Israel zu befreien und aus Ägypten hinauszuführen.

Moses vernahm von Aron, dass während seiner Abwesenheit der alte Pharao gestorben war und ein neuer, noch härterer Herrscher das Land regiere. So wussten sie, dass ihnen ein schwerer Kampf bevorstand.

Der Kampf mit dem Pharao

Moses und Aron versammelten die Ältesten des Volkes Israel. Sie erzählten ihnen vom Auftrage Gottes, das Volk aus Ägypten hinwegzuführen. Darüber freuten sich die Ältesten und alle, die davon hörten.

Am folgenden Morgen begaben sich die Brüder zum Pharao. Moses trug den gesegneten Stab mit sich. Vor dem Tore des Palastes saßen, an Ketten gebunden, zwei Löwen als Wächter. Moses schwang den Stab über ihnen. Da wurden sie ganz zahm. Er löste ihre Ketten. Die Löwen folgten ihnen wie Hunde. Die Palastwächter wichen erschreckt zur Seite, und so kamen sie bis vor Pharao. Auch dieser erschrak vor den Männern mit den Löwen; denn ihr Antlitz war von Mut durchleuchtet. Was hatten die beiden für eine Macht über die Löwen?

Die Leibwächter des Höchsten hoben ihre Lanzen zum Wurf, falls die Löwen Angriffslust zeigen würden. Der Pharao sprach: «Was wollt ihr hier? Wer seid ihr? Was habt ihr mit meinen Löwen zu schaffen?» Moses antwortete: «Wir sind Boten von dem Gott Israels. So spricht dieser Gott zu dir: Lass mein Volk ziehen, dass es mir in der Wüste ein Opfer darbringen kann!» Pharao antwortete: «Ich kenne euren Gott nicht. Ich sehe, ihr seid Hebräer. Geht beide Steine tragen und Ziegel brennen wie die andern. Ob ich das Volk für drei Tage ziehen lasse, darüber werde ich mich mit meinen Weisen beraten.» Der Pharao wagte nicht, Hand an die beiden legen zu lassen, da er merkte, dass sie über besondere Kräfte verfügten, mit denen sie Löwen bändigen konnten. Um den Pharao nicht zu reizen, legte Moses die Löwen wieder an die Ketten; aber er hatte wenig Hoffnung, dass der Rat der Weisen mit Pharao etwas Günstiges für das Volk Israel entscheiden würde.

Nach drei Tagen kam die Botschaft: Die Aufseher bekamen den Auftrag, die Arbeit der Israeliten noch schwerer zu machen.

Als Moses und Aron fortgegangen waren von Pharao, ließ dieser seinen Zauberer Bileam kommen. Er erzählte ihm die Sache mit den beiden Israeliten und den Löwen. Bileam sprach: «Diese Männer sind auch Zauberer; aber *mein* Zauber wird stärker sein und sie besiegen. Die beiden werden schon wiederkommen.»

Drei Tage waren vorüber. Moses und Aron traten wieder vor den Pharao, aber ohne die Löwen. Pharao ließ gleich Bileam herbeirufen. Er sprach zu den beiden: «Lasst mich von euch ein Wunderzeichen schauen!» Aron trug den gesegneten Stab bei sich und warf ihn vor Pharao hin. Er verwandelte sich am Boden in eine Schlange. Da warf Bileam ebenfalls seinen Stab, und dieser wurde ebenfalls zu einer Schlange. Doch Arons Schlange verschlang des Bileam Schlange und wurde wieder zum Stab. Bileam machte große Augen, und er zischte: «Verdammt, ihre Macht ist groß!» Nochmals forderte Moses, dass Pharao sein Volk ziehen lasse, damit es in der Wüste opfere. Doch der Pharao brauchte wiederum Bedenkzeit.

In der Nacht sprach der Herr zu Moses: «Morgen früh geht der Pharao an das Wasser des Nils. Begib dich dorthin. Will er das Volk nicht ziehen lassen, schlage deinen Stab in das Wasser, und es wird zu Blut werden.»

Am Morgen traten Moses und Aron dem Pharao am Nil entgegen. Am liebsten hätte er seinen Kriegern den Auftrag gegeben, die zwei niederzuhauen; aber er wagte es nicht. Er hatte ihre Zeichen gesehen. Doch er wollte hart bleiben und ihnen nicht nachgeben. Da sprach Moses zu ihm: «Der Herr, der Gott Israels, schickt mich zu dir. Lass das Volk ziehen, dass es in der Wüste das Opfer darbringen kann! Wenn du nicht willig bist, werde ich das Wasser des Nils schlagen; es wird sich in Blut verwandeln. Die Fische werden sterben; das Wasser wird nicht mehr zu trinken sein.» Doch der Pharao blieb verstockt. Da gab Moses den Stab dem Aron, und dieser schlug das Wasser. Es färbte sich rot und wurde stinkend. Die Ägypter mussten überall in die Erde Löcher graben, damit sie noch Wasser trinken konnten. Die Plage dauerte sieben Tage.

Da sprach der Herr zu Moses: «Geh zum Pharao. Wenn er das Volk nicht ziehen lassen will, so werde ich sein ganzes Gebiet mit Fröschen plagen.» Doch der Herrscher blieb wiederum hart. Da reckte Aron den Stab aus über die Gewässer und Kanäle des Landes. Bald stiegen aus den Wassern unzählige Frösche und hüpften in alle Straßen und in die innersten Gemächer der Häuser. Doch zu den Israeliten kamen die Frösche nicht, und auch Bithja blieb von allen Plagen verschont. Das war die zweite Plage.

Pharao ließ Moses und Aron zu sich rufen und sprach: «Nehmt die Froschplage vom Lande! Ihr könnt ausziehen zu eurem Opfer in die Wüste.» – Da starben die Frösche, wo sie waren, in Häusern, auf Straßen und Plätzen. Man schüttete sie in stinkenden Haufen zusammen. – Das war die dritte Plage.

Kaum waren die Frösche weg, brach der Pharao sein Wort und ließ die Israeliten *nicht* opfern gehen. Da sprach der Herr zu Moses: «Schlagt den Stab in den Staub der Erde, und es werden unzählige Mückenschwärme die Ägypter quälen.» So geschah es, doch Pharao blieb hart.

Und der Herr sandte weitere Plagen: *Stechfliegen,* ein *Vieh-*

sterben, Krankheiten und *Hagelschlag, Heuschrecken,* die alle Felder bedeckten, und eine große *Finsternis.*

Pharao sprach zu Moses: «Wenn du noch einmal vor meine Augen trittst, lasse ich dich töten!» Moses antwortete: «Ich werde dir nicht mehr unter die Augen treten.»

Der Auszug

Da sprach der Herr: «Eine letzte Plage will ich senden; dann wird man euch ziehen lassen. In jeder ägyptischen Familie wird am Zehnten des Monats der Erstgeborene in der Nacht sterben, auch der älteste Prinz des Pharao. Wenn der Zehnte des Monats kommt, nehme eine jede Familie der Israeliten ein Lamm. Das soll man schlachten und als Abschiedsspeise essen. Vom Blute des Lammes streiche man draußen etwas an den Türpfosten. Wenn der Todesengel durch das Land geht, wird er eure Häuser mit dem Blutzeichen verschonen.»

So geschah es. Mitten in der Nacht wurde jede ägyptische Erstgeburt geschlagen. Ein großes Jammergeschrei erhob sich. Es gab kein Ägypterhaus, in dem nicht ein Toter zu beklagen war.

An den Häusern der Hebräer ging der Todesengel sanft vorüber; das hieß man *Passah.* Deshalb nannte man das Essen des Lammes zu diesem Gedächtnis das Passahmahl. Es war das Abschiedsessen Israels in Ägypten. Noch in der Nacht kamen eilige Boten des Pharao zu Moses und Aron. Der Befehl lautete: «Zieht mit dem ganzen Volk fort aus dem Lande! Verlasst Ägypten für immer!» Die Ägypter drängten, die Israeliten rasch loszuwerden. Alles Volk hatte den Auszug vorbereitet.

Esel und Kamele wurden mit Speise und Wasserschläuchen beladen. Die Herden trieb man zusammen. Es war auch an Menschen eine gewaltige Zahl. Der Weg führte nach dem Schilfmeer und weiter dem fernen Lande Kanaan entgegen. Moses ordnete den Zug des Volkes nach den Stämmen der zwölf Brüder. Voran zog der Stamm Ruben, der Stamm Benjamin beschloss den Zug. Helle Freude beseelte alle; Moses und Aron gaben den Ausziehenden das Vertrauen, dass Gottes Hand sie sicher führe.

Aus seiner Gruft am Nil ließ Moses die Gebeine des Josef mit seinem Sarge holen, um sie in der Erde seiner früheren Heimat zu bestatten.

Der Zug hatte Städte und Dörfer verlassen und kam durch ein Stück Wüste. Es ging auf den Abend zu, als vor den Israeliten eine schmale, leuchtende Wolke erschien, wie eine Säule oder ein gewaltiger Wolkenstab. Moses gebot Halt und sprach: «Lasst uns ein Dankopfer bereiten! Seht, am Himmel ist das Zeichen unseres Gottes erschienen; das wird uns führen.» Das Volk machte ein Lager. Aron bereitete das Opfer. Moses sprach die Gebete, und das Volk sang Dankeslieder.

Als der Morgen tagte, verwandelte sich der glimmende Lichtschein wieder in ein Wolkengebilde, das fortan immer dem Volke voranzog. Wenn es dunkelte, glimmte wieder der Feuerschein in der Wolke.

Als Pharao vernahm, dass wirklich das ganze Israelitenvolk fortgezogen war und in den Städten und an den Bauwerken die Arbeit liegen blieb, reute es ihn, dass er die Israeliten zum Auszug aufgefordert hatte. Bileam riet: «Sende ihnen ein großes Kriegsheer nach, das sie zwingt, nach ihrem Wüstenopfer wieder zurückzukehren an die Arbeit.» Da erging der Befehl Pharaos an alle Heerführer, dem Volke Israel mit der ganzen

Stärke des Heeres, der Reiterei und den Streitwagen nachzueilen und es zur Rückkehr zu zwingen.

Die Israeliten befanden sich schon in der Nähe des Roten Meeres, als Eilboten der Ägypter heranbrausten. Sie verlangten, mit Moses und Aron zu sprechen, und geboten ihnen: «Im Namen des Pharao fordern wir euch auf, kehrt nach Ägypten zurück. Nur für drei Tage hat der Höchste euch erlaubt, in der Wüste ein Opfer darzubringen. Uns folgt ein gewaltiges Kriegsheer. Folgt ihr nicht freiwillig dem Befehl, wird Blut fließen! Wehe, wenn ihr nicht gehorcht!»

Moses antwortete: «Sagt dem Pharao und seinen Heerführern, Gott hat uns beauftragt, das Volk Israel in seine alte Heimat zurückzuführen. Nimmermehr werden wir zurückkehren!»

Die Boten wendeten zornig ihre schnellen Pferde und brachten diese Antwort zum großen Heereszug. Bei vielen Israeliten brachen Angst und Jammer aus; aber die Krieger unter ihnen sprachen: «Wir werden kämpfen, wenn sie kommen!» Doch Moses erhielt von Gott eine andere Weisung. Er streckte den Stab aus gegen das Meer, machte ein Zeichen und plötzlich hoben Winde an zu blasen und trieben an einer seichten Stelle das Wasser zurück. Die Wolke bewegte sich und senkte sich zwischen die Israeliten und das Ägypter-Heer. Im Vorwärtsdrängen tappten die Krieger mit ihren Pferden plötzlich im dichten Nebel. Sie kamen nicht mehr vom Fleck. Die Israeliten begannen durch die freie Meeresstraße zu ziehen; denn die Winde hielten das Wasser zurück. Als die Wolke sich wieder hob, stiegen drüben die letzten Israeliten aus der Wasserstraße ans Ufer. Mit Verwunderung sahen das die Ägypter. Ihr Heerführer schrie: «Auf, ihnen nach!» So sprengten die Rosse mit den Streitwagen, gefolgt vom restlichen Heere, hinein in die Meeresstraße. Kaum waren alle Ägypter drin, begannen die

Wasser zurückzufluten. Die Hufe der Pferde, die Räder der Wagen versanken im schlammigen Sand. Die Krieger wurden überflutet und ertranken. Das ganze ägyptische Heer war im Wasser versunken.

Von der anderen Seite des Ufers verfolgten die Israeliten das gewaltige Schauspiel dieses Unterganges. Ein jeder erkannte das Walten Gottes, und viele hoben an, Lobgesänge zu singen. Mirjam, die Schwester Moses, sang ein langes Lied:

Fangt an zu singen, die Trommel rühret,
versunken ist Pharaos Heer.
Fangt an zu singen, die Trommel rühret,
ertrunken im Roten Meer
sind Mann und Ross,
der stolze Tross
im tiefen Wassergrund,
im tiefen Wassergrund. –
Vor unserm Fuß das Wasser wich,
die Straße schloss sich auf.
Die Wolke hüllte unsern Schritt,
wie Moses' Stab gebot.
O Gottes Feuersäule,
du führst mit hellem Glanz.
Geleite unsre Schritte
ins ferne Heimatland. –
Fangt an zu singen, die Trommel rühret,
versunken ist Pharaos Heer,
fangt an zu singen, die Trommel rühret,
ertrunken im Roten Meer.
Drum danket und lobet in Wort und im Klang,
Gott sei geehret mit unserm Gesang!

Als Mirjam so sang, zogen hinter ihr viele Frauen mit Handpauken und tanzten im Reigen. Immer wieder, tagelang tönte und sang es:

> Singt dem Herrn,
> hoch erhaben ist er,
> Ross und Reiter
> warf er ins Meer!

Mara und Sin

Vom Schilfmeer wanderte der lange Zug nach der *Wüste Sur.* Drei Tage waren das Volk und die Herden unterwegs, ohne Wasser zu finden. Sie kamen zu einem Orte, *Mara* geheißen, was so viel bedeutet wie «Bitterbrunnen». Hier war wirklich nur bitter-salziges Wasser. Niemand konnte es trinken. Da begann unter den Leuten ein leises Murren gegen Moses. Als er in Mara mit dem Volke lagerte, presste man aus den Schläuchen die letzten Wassertropfen. Moses rief zu Gott, und der Herr zeigte ihm eine bestimmte Holzart, von der musste er Holz ins Wasser werfen. So verlor es seine Bitterkeit und war trinkbar.

Als der Zug die *Wüste Sin* erreicht hatte, war die mitgebrachte Speise verzehrt. Man musste Tiere schlachten, um Speise zu haben. Das Volk fing wieder an zu murren. Da half der Herr mit zwei Wundern: Am Abend ließ sich eine große Vogelschar – es waren Wachteln – im Lager der Israeliten nieder. Man konnte sie fangen und braten. Am Morgen, als sich die Nebel hoben, war der Boden der Wüste mit etwas Feinem,

Körnigem bedeckt, als ob Reif auf der Erde läge. Da sprach Moses: «Das ist das Brot der Wüste, Manna, das hat uns Gott beschert. Jeder nehme vor Sonnenaufgang nur so viel, um für einen Tag den Hunger zu stillen. Es wird jeden Morgen wieder neu da sein.» Es schmeckte gut. Einige aber sammelten in Gefäße einen Vorrat für den nächsten Tag. Als sie am Abend die Gefäße nahmen, war das Manna schon verfault und stank. Nun gehorchten sie Moses und füllten am nächsten Tag nicht mehr Manna in Gefäße, als sie für einen Tag brauchten.

Der Zug kam in die Felsenwüste. Wiederum fehlte es an Wasser. Ein lautes Murren begann. Gott sprach zu Moses: «Geh und schlage mit deinem Stab am Fuße des Felsenberges an das Gestein!» Moses tat also. Der Felsen spaltete sich, und es sprudelte ein Quell hervor.

Die Amalekiter

Unter den Israeliten gab es einen tapferen Krieger mit Namen *Josua*. Er hatte das Kriegshandwerk bei den Ägyptern gelernt und war bei ihnen ein Hauptmann gewesen. Moses sprach zu ihm: «Wir werden auf unserem Zug bald durchs Land der Amalekiter kommen. Die Amalekiter sind ein kriegerisches Volk und werden uns nicht durchziehen lassen wollen. Du, Josua, sei unser schlagendes Schwert, wenn wir angegriffen werden. Sorge dafür, dass alle waffentragenden Männer gerüstet sind, wenn die Amalekiter kommen.»

Josua schickte sogleich Kundschafter aus, damit sie eine nahende Gefahr melden könnten. Eines Tages kehrten einige in aller Eile zurück und meldeten: «Eine Stunde Weges voraus lauern uns heimlich die Amalekiter auf, ein riesiges Heer, gut versteckt!» Josua ließ eine Drommete blasen, worauf sich die Krieger sammelten. Das übrige Volk lagerte sich an einem Hügel. Moses stieg mit Aron und einem Diener auf die Höhe des Hügels, um von dort aus den Kampf zu verfolgen. Als er oben war, sah er die Amalekiter herannahen. Da hob er mit beiden Armen den gesegneten Stab in die Höhe und bat Gott um Hilfe. Solange er die Arme mit dem Stab hochhielt, ging es Josua und seinen Kriegern gut. Senkte Moses die Arme, um ein wenig zu ruhen, dann stand es für die Amalekiter wieder besser. Moses bat Aron und seine Diener, die ihn begleiteten: «Stützt mir die Arme!» Da stützten Aron und der Diener ein jeder einen Arm des Moses. Josua bekam die Oberhand. Gegen Sonnenuntergang waren die Amalekiter besiegt, und die drei auf dem Berge konnten endlich Stab und Arme senken. Das Volk Israel konnte unbehelligt weiterziehen. Viele Krieger hatten im Kampf ihr Leben lassen müssen. Die Israeliten gaben den Toten ein Wüstengrab und waren ihnen dankbar, dass sie mit ihrem Leben das Volk gerettet hatten.

Am Sinai

Drei Monate dauerte die Reise, bis das Volk in der Wüste zum Berge Sinai kam. Die voranziehende Wolke umhüllte seinen Gipfel, und jedermann fühlte: Hier bleiben wir lange. Gott der Herr sprach zu Moses: «Steige zu mir auf den Berg empor. Du sollst für das Volk ein Gesetz erhalten.»

Moses gebot: «Israeliten, niemand darf sich, solange ich auf dem Berg bin, ihm nahen, weder Mensch noch Tier!» Er stellte Wächter auf, dass das Gebot eingehalten werde, und ließ einen Zaun errichten, damit jeder merke, wo die Grenze sei. Er gebot dem Volke, für drei Tage alles Üble und auch jedes ungute Wort zu meiden: «Seid fromm wie beim Gottesopfer; denn der Herr will zu mir in Blitz und Donner sprechen!» Aron, Josua und die siebzig Ältesten durften mit Moses ein Stück den Berg hinaufsteigen. Sie sollten der Offenbarung nahe sein. Aber dort, wo die Wolke begann, durften auch sie nicht weiter, und Moses stieg allein in die Höhe. Die Wolke umhüllte ihn. Er kam zu einer Felsenspalte. Er stieg hinein, und sein Leib versank in einen tiefen Schlaf. Zwei Engel Gottes, Michael und Gabriel, hoben seine Seele empor. Da sein Geist beim Dornbusch göttliches Feuer getrunken hatte, blieb er wach, als er nun in die oberen Himmel geführt wurde. Er sah vor sich die ganze Erhabenheit der göttlichen Welt aufgehen. Zunächst wurde er an ein gewaltiges Tor herangeführt. Da stand der strenge Wächter *Kamuel,* der nur reife Seelen in den Bereich der sieben Himmel hereinlässt. Moses war von Gott berufen worden. Er durfte hindurch. Im höchsten Lichte leuchtete es oben wie ein himmlischer Tempel in den Farben: blauer Purpur, roter Purpur, Scharlachrot und Weiß. Zu der Zeit, als Moses aufstieg, sah und hörte das Volk unten am Berge ein gewaltiges Blitzen und Donnern. Alles kniete nieder, und die Erde bebte. Manche fielen in Ohnmacht ob dem gewaltigen Dröhnen. Aber kein Mensch und kein Tier schrie. Alle Vögel verließen die Lüfte und suchten ihre Nester auf. Oben wurde Moses Stufe um Stufe durch die Himmelsgewölbe geführt.

Im *ersten Himmel* konnte Moses wie die Engel hinunterblicken auf Leid und Freud der Menschen auf Erden. Er hörte die Worte ihrer Gebete, ihres Dankes. Er hörte auch ihr Fluchen, ihre Unzufriedenheit. Er sah das Wirken von Hass, von Barmherzigkeit und Liebe.

Im *zweiten Himmel* schaute er in das Walten der Elemente: Wind, Wetter, Sturm und Blitzgewalt.

Im *dritten Himmel* sah er die Urbilder der Pflanzen, der Bäume, der Früchte und des Getreides. Er sah die Engel des dritten Schöpfungstages und ihr Walten im Pflanzenreich.

Im *vierten Himmel* schaute er die Sternengeister des vierten Schöpfungstages, die den Gang der Sonne, des Mondes, der Gestirne lenken und begleiten.

Im *fünften Himmel* sah er die Gewalten der Wärme, des Feuers und diejenigen der Kälte, des Frostes.

Und Moses wurde hingeführt zu den Lenkern des *sechsten* und *siebenten Himmels.* Sie erschufen im Urbeginne mit Gott den Menschen und lenken nun die Geschicke der Völker und der Menschen. Hier leuchtete um ihn das Urlicht des Paradieses in friedsamer Seligkeit, sodass er in Versuchung kam, oben zu bleiben und nicht mehr hinunterzusteigen zur Erde.

Aber nun wurde er abwärts weitergeführt, der Tiefe zu. Er gelangte zu der Pforte der teuflischen Welt. Er sah hinein in das finstere Wirken der satanischen Geister, die sich freuen, wenn Menschen Übles tun und ins Elend geraten. An der Schwelle erblickte Moses die Waage von Gut und Böse, die Waage des Gerichts. Und er sah und hörte das Leid der Seelen, die sich an diesem Ort reinigen mussten von allem, was sie im Leben Übles vollführt hatten. Da sagte er sich: Wenn ich wieder auf die Erde zurückkomme, werde ich die Menschen weisen, das Rechte, das Gute zu tun!

Nun führte Gabriel ihn wieder aufwärts in die Gefilde der Seligkeit, die in der Bibel «Garten Eden» genannt werden. Da begegnete er in der Nähe des Lebensbaumes drei edlen Gestalten: Abraham, Isaak und Jakob. Er konnte mit ihnen reden wie von Mensch zu Mensch. Die drei Erzväter freuten sich, dass ihr Volk unten auf Erden in Moses einen so gerechten und starken Führer hatte.

Die zehn Gebote

Vierzig Tage und Nächte weilte Moses auf dem Berge Sinai in der oberen Welt. Nachdem sein Geist durch Höhen und Tiefen geführt worden war, sprach Gott der Herr zu ihm: «Damit unten dein Volk weiß, wie ein jeder seinen Erdenweg gehen soll, schenke ich dir zehn Gebote.» Gott der Herr ließ sie Moses wie in einer feurigen Schrift schauen. Moses ritzte sie auf zwei steinerne Tafeln. Die Gebote sollten dem Volk Israel sagen, wie es in der Gerechtigkeit bleiben könne:

Erstes Gebot:
Du sollst keine anderen Götter neben mir haben.

Zweites Gebot:
Du sollst nicht Götterbilder machen und sie anbeten.

Drittes Gebot:
Du sollst den Namen Gottes nicht missbrauchen und nicht fluchen.

Viertes Gebot:
Du sollst den Sabbbat-Tag heilig halten.

Fünftes Gebot:
Du sollst Vater und Mutter ehren.

Sechstes Gebot:
Du sollst nicht töten.

Siebentes Gebot:
Du sollst nicht untreu sein.

Achtes Gebot:
Du sollst nicht stehlen.

Neuntes Gebot:
Du sollst keine Unwahrheiten reden über deinen Nächsten.

Zehntes Gebot:
Du sollst nicht begehren, was dein Nächster hat.

Diese zehn Gebote sollte Moses vom Berge hinuntertragen zu seinem Volk.

Das goldene Kalb

Wochenlang wartete das Volk, dass Moses zurückkehre. Als er immer noch nicht vom Berge herunterkam, vermuteten viele, er kehre überhaupt nicht zurück. *Semael,* der böse Geist, dachte: Moses ist nicht da. Jetzt kann ich die Israeliten verführen! – In Ägypten hatten sie in den Tempeln als Zeichen für die Gottheit einen heiligen Stier gesehen.

Semael setzte einigen den Gedanken in den Kopf, sie sollten ein goldenes Stierkalb als Gotteszeichen haben, wie die Ägypter. Männer und Frauen spendeten dafür ihren Goldschmuck. Handwerker gossen damit ein goldenes Kalb und stellten es auf einen steinernen Altar. Sie begannen ein Opferfeuer zu entzünden und um das Kalb herumzutanzen. Es war gerade der vierzigste Tag, als Moses wieder hinuntersteigen sollte vom Berg. Gottes Stimme sprach beim Abschied zu Moses: «Geh hinunter zu deinem Volke. Sie sind dabei, Übles zu tun. Sie haben ein goldenes Kalb gegossen und beten es an.» Auf dem Weg bergab begegnete Moses dem Josua. All die Tage hatte dieser treulich auf Moses' Rückkehr gewartet. Als die beiden auf einen Felsvorsprung kamen, sahen sie hinunter in die Tiefe, wo das Volk sein Lager hatte. Sie hörten einen lärmenden Gesang. Moses erblickte, wie Männer und Frauen um das goldene Kalb Reigentänze vollführten. In seinem Zorn zerschlug er die Gebotstafeln am Felsen. Dann eilte er hinab, fuhr wie ein brüllender Löwe unter die Leute, sodass sie nach allen Seiten auseinanderstoben. Er ergriff einen Hammer und zerschmetterte das Götzenbild. Den Handwerkern befahl er, die Stücke in Goldstaub zu zerfeilen. Diesen ließ Moses in ein großes Wassergefäß schütten und umrühren. Alle, die geopfert und um das Kalb getanzt hatten, mussten Goldstaubwasser trinken.

Moses sprach zum Volk: «Ihr habt eine große Sünde begangen. Ich werde mit Gott reden, wie es wiedergutgemacht werden kann. Ihr seid noch nicht reif, nach Kanaan zu kommen. Durch viele Prüfungen müsst ihr noch gehen. Nun wird eure Wanderung viele Jahre länger dauern!» Aus dem Antlitz und der Stirn des Moses strahlte ein heller Schein, den man zuvor an ihm nicht gesehen hatte. Den trug er vom Berge Sinai her, wo ihn das Urlicht umflutet hatte. Da schämten sich viele, dass sie in so kurzer Zeit ihren heiligen Befreier hatten vergessen und den Gott des Sinai mit einem goldenen Kalb hatten vertauschen können.

Die Stiftshütte

Moses stieg noch einmal auf den Berg und schrieb nochmals die zehn Gebote auf zwei Steintafeln. Gott sprach wiederum zu Moses auf dem Berg: «Das Volk braucht ein Heiligtum zur Verehrung. Baut ein heiliges Zelt, das soll euer mitwandernder Tempel sein.» Und Gott gab dem Moses Form und Maß für das heilige Zelt und sagte ihm, wie alles eingerichtet sein sollte. Da es von Gott gestiftet war, nannte er es *Stiftshütte*. Die Israeliten, die ihr Gold nicht für das Kalb vertan hatten, konnten es jetzt für die Stiftshütte schenken. Wer kein Gold hatte, konnte farbige Tücher oder Teppiche spenden. Kunstverständige Handwerker errichteten das heilige Zelt und formten die Geräte. Es war da ein *Allerheiligstes*, ein innerer Raum, in den kam eine hölzerne Truhe mit den Tafeln der zehn Gebote. Sie wurde *Bundeslade* genannt, weil Gott mit den Geboten einen neuen Bund mit dem Volke schloss. Auf dieser Lade knieten zwei aus Gold geformte Engelfiguren. Davor stand der *Gnadenstuhl*, auf dem nahm Moses Platz, wenn er mit Gott reden wollte. Er allein durfte ins Allerheiligste. Vor diesem geheimen Platz befand sich *das Heilige*, ein Tempelraum für die Priester. Da stand der *siebenarmige Leuchter*, der die Zahl der sieben Schöpfungstage spiegelte, aber auch die sieben Wandelsterne.

Zwei Räuchergefäße verbreiteten Weihrauchduft als Opferzeichen. *Zwölf Schaubrote* waren aufgestellt als Zeichen der zwölf Stämme und zugleich der zwölf Bilder des Sternenkreises am Himmel. Die Wände bestanden aus Vorhängen und Teppichen. Hölzerne Säulen stützten das Zelt. Seinen Bruder Aron setzte Moses mit Gottes Willen als Oberpriester der Stiftshütte ein und mit ihm seine Söhne als untere Priester. Draußen vor der Stiftshütte stand der *Opferaltar.* Jeden Tag brannte hier ein Dankopfer. In der Nähe stand der große Wasserkessel für die Priester zur Reinigung ihrer Hände, wenn sie das Opfer richten wollten. Das heilige Zelt war so gebaut, dass es beim Weiterreisen auseinandergelegt werden konnte.

Als Moses mit den Geboten vom Sinai zurückgekehrt war, versammelte er alles Volk. Und er las sie vor mit gewaltiger Stimme, die ihnen zu Herzen drang. Alle gelobten, diese Gebote zu halten. Jeden Tag verlas sie Aron, und seine Priester-Söhne halfen mit, sodass viele sie bald auswendig wussten.

Als die Stiftshütte fertig gebaut war, gab es eine Einweihungsfeierlichkeit. Alle Stämme stellten sich auf beim Altar, und Moses richtete mit Aron das Opfer. Da geschah etwas Unvergessliches: Vom Sinaiberg senkte sich die Wolke hernieder und blieb als eine Wolkensäule über dem Allerheiligsten stehen. Nun wusste das Volk: «Gott ist mit uns! Keine goldenen Kälber beten wir fortan an, sondern wir richten unsere Gebete und Opfer an den lebendigen Gott, der uns aus Ägypten geführt hat.»

Das Allerheiligste war erfüllt von göttlichem Licht, wenn Moses darin weilte, um mit Gott zu reden. So war das heilige Zelt das Zeichen des mitwandernden Gottes vom Sinai. Immer wenn ein neuer Lagerplatz gefunden werden sollte, wo man nach Wasser graben konnte, senkte sich die Wolke hernieder; man baute das Zelt und verweilte an dieser Stätte. Wenn die Wolke sich wieder hob, war es das Zeichen zum Weiterwandern.

Die Wüste Zin

Großer Durst kam in der Wüste Zin über Mensch und Tier. Stimmen waren zu hören: «Wären wir in Ägypten geblieben, hätten wir Wasser genug! Sollen wir jetzt in der Wüste verdursten?» Moses redete im Allerheiligsten mit Gott. Die Gottesstimme sprach: «Versammle die Gemeinde. Rede vor ihnen mit dem Felsen, dass er sein Wasser spende.» Auf diesen Rat hin versammelte Moses alles Volk bei einem Wüstenfelsen. Zweimal schlug der Stab auf den Felsen. Da barst das Gestein. Ein reiner Wasserquell brach hervor und tränkte Menschen und Vieh. Da schämten sich viele, die mit Moses gehadert hatten. Als das Volk am *Berge Hor* lagerte, offenbarte Gott dem Moses: «Steige mit Aron und seinem Sohne Eleasar auf diesen Berg. Arons Lebenszeit geht zu Ende. Gib dort seinem Sohne das Priesterkleid des Vaters.» So tat Moses. Als er mit seinem Bruder den letzten Weg aufwärts stieg, dachte Moses daran, wie Aron ihn zu Pharao begleitet hatte und auf allen Wegen und in allen Kämpfen tapfer an seiner Seite gestanden hatte. Auf dem Berge Hor gab Aron sein Priesterkleid dem Sohne Eleasar, und Moses segnete beide. Arons Seele aber verließ den Leib und hob sich alsbald über den Berg hinauf in den Himmel, und sie ging ein zu den Vätern. Eleasar errichtete seinem Vater die Grabesstätte auf dem Berge Hor.

Die eherne Schlange

Oft hat das Volk auf der langen Wüstenreise gemurrt und geklagt. Als es den Berg Hor verließ, kam es durch dürre, magere Gegenden. Da murrten die Israeliten nicht nur gegen Moses, sondern auch gegen Gott. Eine große Empörung entstand. Da sandte Gott eine Strafe, um sie zur Besinnung zu bringen: Von allen Seiten und von weither nahten sich Schlange dem Lager. Sie bissen die murrenden Leute, und viele mussten sterben. Das Volk kam zu Moses und rief: «Wir haben gesündigt, dass wir gegen den Herrn und dich geredet haben. Gott sei uns gnädig!» Moses ließ einen hohen Pfosten aufstellen und eine eherne Schlange daran befestigen in der Form eines S. Wer dieses Zeichen anschaute, dem brachte der Schlangenbiss nicht den Tod, und die Schlangen verkrochen sich wieder.

Bileam taucht wieder auf

Das Volk der Moabiter und sein Fürst *Balak* fürchteten sich, als die Kunde kam, dass das Volk Israel auf seinem Wege in der Nähe ihres Landes vorbeiziehen werde. Balak schickte nach dem Zauberer Bileam, der Ägypten längst verlassen hatte. Balaks Botschaft war: «Bileam, du sollst mir dieses Volk, wenn es hier vorbeizieht, verfluchen und fortzaubern. Ich werde dir großen Lohn dafür geben.»

Bileam ritt auf einem Esel, um zum Fürsten Balak zu reisen. Zwei Diener begleiteten ihn. Da stellte sich dem Esel ein Engel Gottes in den Weg. Bileam sah den Engel nicht; aber sein Esel sah ihn. Das Tier sprang erschrocken zur Seite ins Feld hinein und stellte sich stocksteif. Bileam schlug den Esel, und die Diener zerrten ihn wieder auf den Weg. Eine Weile ging es vorwärts. Bei einem Mauerwerk stellte sich der Engel wieder in den Weg; der Esel konnte weder links noch rechts ausweichen. Da drückte er Bileam so fest an eine Wegmauer, dass er seinen Fuß einklemmte. Bileam schrie und schlug den Esel wieder, und die Diener zerrten an ihm herum. Der Graue musste wohl oder übel weiter. Aber zum dritten Mal trat ihm der Engel an einer engen Stelle in den Weg. Der Esel ließ sich auf die Knie fallen, und Bileam stand auf den Füßen. Jetzt wurde sein Zorn gewaltig. Er packte den Stab mit beiden Händen, um dem Esel das Fell weich zu schlagen. Doch der gab so seltsame Laute von sich, wie Bileam es von ihm noch nie gehört hatte. Er ließ den Stecken fallen und hörte ganz deutlich, wie es aus dem Esel gurgelte: «Warum schlägst du dei-nen treu-en E-sel? Sieh vor dich, Bi-le-am!» Jetzt ging Bileam ein Licht auf. Endlich gewahrte auch er den Engel mit dem Schwert im Wege stehen. Er warf sich auf sein Angesicht. Der Engel sprach zu ihm: «Geh nur zu Balak; aber du darfst nichts anderes reden, als was ich dich heißen werde: Das Volk Israel steht im Segen Gottes!» Als Balak hörte, dass Bileam herannahte, zog er ihm entgegen, ihn zu begrüßen. Er führte ihn auf eine Anhöhe, von wo er das Lager der Israeliten in der Ferne sehen konnte.

Balak musste dem Bileam rasch einen Altar bauen. Als man das Opfer richtete, hörte Bileam wiederum die Stimme: «Das Volk Israel steht im Segen Gottes!»

Balak drängte: «So, Bileam, beginne jetzt mit dem Verfluchen!» Da antwortete Bileam: «Wie soll ich fluchen, wo Gott segnet?»

Da wurde Balak furchtbar zornig. «Meine Feinde zu verfluchen, habe ich dich kommen lassen, und du segnest sie! Weiche zurück, wo du hergekommen bist!»

Da bestieg Bileam seinen Esel, und der trabte und trabte so munter und lustig, als hätte er siebenundsiebzig Disteln gefressen.

Josua

Die Einsetzung Josuas

Der Herr sprach zu Moses: «Auch du wirst, wie Aron, bald zu den Vätern zurückkehren, noch bevor das Volk das Land Kanaan betritt. Gib *Josua* vor allem Volke deinen Auftrag und deinen Segen. Wenn du die Erde verlassen hast und die Stämme nicht mehr führen kannst, soll *er* sie führen.» Da gebot Moses dem Volke, sich vor der Stiftshütte zu versammeln. Solches geschah nur, wenn etwas sehr Wichtiges mitzuteilen war. Niemand wusste, was es diesmal sei, außer *Eleasar,* der Sohn Arons und Oberpriester. Ihm hatte Moses vom Auftrag Gottes für Josua erzählt. Vor der Stiftshütte entzündeten junge Priester das feierliche Opfer. Moses, Eleasar und Josua traten hervor.

Moses sprach: «Israeliten, mein Volk! Gott der Herr hat mir offenbart, dass ich euch nur noch eine kurze Zeit auf Erden führen kann. So verkünde ich euch seinen Willen: *Josua* soll euch nach meiner Zeit im Felde und auf eurem Wege nach Kanaan führen.»

Nach diesen Worten legte Moses seine Hände auf Josuas Schultern. Der Neuberufene sank in die Knie. Moses segnete ihn und ließ, allem Volke sichtbar, seine Hoheit und Würde auf ihn übergehen. Er sprach zu Josua: «Sei fest und unverzagt, denn du wirst dieses Volk in das Land bringen, das der Herr ihm geben wird. Er zieht vor dir her, fürchte dich nicht, sei unverzagt!»

Das unbekannte Grab

Als Moses mit Eleasar und Josua alles geordnet hatte, lagerte das Volk nahe am Fuße des Berges *Nebo*. Gott sprach zu Moses: «Steige auf den Berg. Von dort kannst du hinüberblicken in das Land Kanaan, das deines Volkes Heimat sein wird. Dein Fuß wird es nicht betreten; denn auf dem Berge werde ich deine Seele befreien zur Auferstehung in der himmlischen Welt.»

Als er von Josua und Eleasar sich verabschiedete, bat Josua: «Moses, wenn du uns auf Erden verlassen musst, bleibe uns im Geiste nah!» Noch einmal segnete Moses den Josua. Bald verließ Moses das Lager des Volkes. Er stieg immer höher den Berg Nebo hinan. Oben schaute er hinüber ins fruchtbare Land Kanaan, wo Bäume grünten. Er breitete die Arme aus, als ob er es an sein Herz nehmen wollte. Und er sah einen fernen Lichtschein über Kanaan. Es ertönte wie ein Gesang von oben: «Hier wird dereinst der *Messias* geboren, aus dem Volke, das du geführt hast!»

Da hob sich die Seele des Moses aufwärts; sein Leib sank sachte zur Erde. Es hieß, Michael und Gabriel trugen seine Seele aufwärts, dieselben Engel, die ihn einst auf dem Sinai in die göttliche Welt geleitet hatten. Kein Grab ist von Moses bekannt. Man suchte nach ihm. Man fand seinen Leib nicht, ihm eine Grabstätte zu errichten. Viele meinen, die Erde hätte einen Spalt geöffnet und ihn aufgenommen. Aber sein Geist erschien noch einmal dem Josua, und er verabschiedete sich wiederum mit den Worten: «Fürchte dich nicht, sei fest und unverzagt!»

Über den Jordan

Mit dem Segen des Moses war auf Josua die Offenbarung des Herrn übergegangen. Die innere Stimme sprach jetzt auch zu Josua. Sie gebot ihm: «Lass die Bundeslade mit den Tafeln dem Volke vorantragen! Wenn die Träger an den Jordanfluss kommen, sollen sie unverzagt ins Wasser hineinschreiten.» Josua bestellte von jedem Stamme einen Priester als Träger. Diese zwölf mussten mit der Lade voranschreiten und das Volk hinterher. Der lange Zug näherte sich dem Fluss. Vorn schritten die Priester kühn in das Wasser hinein, das langsam zu weichen begann. Inmitten des Flussbettes stellten sie die Bundeslade ab. Die Israeliten konnten trockenen Fußes hindurchschreiten. Da gewannen sie zu Josua großes Vertrauen, weil Gottes Wort und Führung mit ihm wanderte, und sie gehorchten allen seinen Befehlen. Am Jordan ließ Josua zwölf hohe Gedenksteine aufrichten zur Erinnerung an dieses Geschehen.

Die Eroberung der Stadt Jericho

Am Wege ins Land Kanaan erhob sich die fest ummauerte Stadt Jericho. Ihr König hatte Kunde bekommen vom Herannahen der Israeliten. Er sprach: «Dieses fremde Volk werden wir nicht friedlich ziehen lassen, wir werden es bekämpfen.»

Nun hatte Josua heimlich zwei kluge und tüchtige junge Männer als Spione nach Jericho gesandt, um die Stadt auszukundschaften. Er gab ihnen einiges Silbergeld mit auf den Weg. Als die beiden zum Stadttor kamen, fragte der Wächter barsch: «Was wollt ihr hier in der Stadt?» Sie antworteten ergeben: «Dürfen wir unseren Durst mit Wasser löschen und gegen gutes Geld unsere Trinkschläuche füllen?» Sie schenkten dem Wächter einen Silberling, und der war's zufrieden und ließ sie hinein. Sie streiften mit scharfen Blicken durch die Stadt und merkten sich die Richtung der Straßen und die Dicke der Mauern. Bei einem Brunnen füllten sie ihren Trinkschlauch. Eine Frau namens Rahab begann mit den Jünglingen zu sprechen. Da es gegen Abend ging und ihr die beiden Burschen gefielen, lud sie sie ein, in ihrem Hause zu übernachten. Das hatte beim Brunnen eine andere Frau mit angehört, und sie vermutete, dass die beiden Israeliten wären; denn der Tonfall ihrer Sprache war nicht aus dieser Gegend. Dem König wurde der Verdacht gemeldet: «Rahab hat zwei junge Israeliten in ihr Haus aufgenommen.»

In ihrem Haus hatte Rahab den beiden oben unter dem Dach ein verstecktes Lager bereitet. Sie sagte zu ihnen: «Ich weiß, ihr seid Israeliten, aber Gott ist mit euch. Wir haben vernommen, wie ihr über den Jordan gekommen seid. Gott ist mit euch.» Wie sie so sprach, klopfte es unten mächtig ans Haustor. Erschrocken gebot Rahab: «Kriecht oben auf dem Boden unter die Flachsstängel. Man sucht euch! Man wird euch töten!»

Sie ging die Tür öffnen. Draußen stand ein Königskrieger mit seinen bewaffneten Knechten. Er schrie Rahab an: «Gib die Männer heraus, die zu dir gekommen sind. Es sind Israeliten-Spione!» Ganz ruhig antwortete sie: «Ja, es waren zwei Männer da; aber eben, als es finster wurde und man das Stadttor schließen wollte, gingen sie weg. Ich weiß nicht wohin. Es ist noch nicht lange her. Sie können noch nicht weit sein. Eilt ihnen nur nach, so werdet ihr sie einholen.»

Da machten die Königlichen kehrt, ließen sich rasch das Stadttor öffnen, und nun jagten sie in die Nacht hinaus auf dem Weg zum Jordan.

Als Rahab wieder hinauf zu den Versteckten kam, sprach sie zu ihnen: «Wenn ihr unsere Stadt erobern könnt, dann versprecht mir, dafür zu sorgen, dass meinen Eltern, meinen Brüdern und Schwestern und ihren Kindern kein Leid geschieht. Wollt ihr mir das schwören?» Die Jünglinge antworteten: «Mit unserem Leben bürgen wir dafür; denn du hast uns aus der Not und vor dem sicheren Tod errettet!» Da Rahab vermutete, dass die Häscher später in der Nacht noch einmal kommen und das ganze Haus durchsuchen würden, ließ sie die beiden an einem Seil von ihrem Fenster über die Stadtmauer hinunter, denn ihr Haus war an diese Mauer gebaut. Beim Abschied sprachen sie: «Dein Seil ist von roter Farbe. Wenn die Israeliten kommen, knüpfe das rote Seil an ein Fenster und nimm alle deine Verwandten zu dir. Wir werden dein Haus beschützen.»

Rahab knüpfte das rote Seil am nächsten Tag wieder an das Fenster und ein Stück davon an die Haustür; denn sie wusste ja weder Tag noch Stunde, wann die Israeliten kommen würden.

Als die Kundschafter auf Umwegen wieder zu Josua kamen, erzählten sie ihm alles, was sich in Jericho zugetragen hatte. Er sprach: «Rahab und den Ihren soll kein Haar gekrümmt werden!»

Der König von Jericho überlegte: «Wir lassen die Israeliten vorüberziehen und bleiben in den sicheren Mauern der Stadt. Sind sie vorbei, können wir ihnen immer wieder von hinten in den Rücken fallen und sie nach und nach aufreiben.» Josua hingegen wollte die Stadt Jericho belagern und erobern.

Als die Israeliten herannahten, verschloss Jericho das große

Stadttor. Josua machte vor der Stadt ein Lager. Am siebenten Tage umkreisten die Priester mit der Bundeslade siebenmal die Stadt. Voran schritt die Kriegerschar mit sieben Posaunen und Widderhörnern. Hinterher ging die schützende Nachhut. Josua hatte verbreiten lassen, dass auf ein Zeichen das ganze Volk und alle Krieger in ein lautes Geschrei ausbrechen sollten. Zu nahe durften sie nicht an die Stadtmauern heran, denn die Krieger von Jericho schossen mit Pfeilen und Steinschleudern gegen Israel. Als nun auf Josuas Zeichen die Posaunen und Widderhörner bliesen und aus hunderttausend Kehlen das Geschrei anhob, erzitterte die Luft. Da geschah ein Wunder: Die Mauer der Stadt begann an einer Stelle einzustürzen. Die Israeliten-Krieger konnten über die Trümmer behände hinübersteigen. Rasch eilten die beiden Jünglinge zum Hause der Rahab, um sie und die Ihren zu schützen. Die Stadt fiel in die Hände der Israeliten. Feuer brach aus und zerstörte sie völlig. Viele Bewohner entflohen; doch Rahab und ihre Angehörigen durften mit Israel weiterziehen. Jericho blieb in Trümmern. Nie wieder wurde es aufgebaut. Noch heute stehen die Reste seiner Mauern in der Nähe des Toten Meeres.

Im Lande Kanaan

Mancherlei Prüfungen und Kämpfe hatte das Volk Israel auf seiner vierzigjährigen Wüstenreise zu bestehen gehabt. Nun aber konnte es sich in Kanaan ansiedeln. Das heilige Zelt mit der Bundeslade, die Stiftshütte, wurde auf den Hügel Baala gebracht. Täglich brachten die Priester auf dem Altar das Opfer dar, von Geschlecht zu Geschlecht. Später hat König David das Heiligtum nach Jerusalem gebracht. Sein Sohn, König Salomo, baute daselbst den Tempel. Die Bundeslade und alle heiligen Geräte hat er in diesen Tempel bringen lassen. Denn es war verheißen, der Messias werde dereinst zu Jerusalem erscheinen und eine neue Botschaft nicht nur für Israel, sondern für alle Völker der Erde bringen.

Saul und David

Samuel und Saul

Als das Volk Israel schon eine lange Zeit in Kanaan lebte, redeten immer mehr Leute davon: «Wir sollten einen König haben wie andere Völker!» Damals lebte in Israel ein Priester, der auch der höchste Richter war, mit Namen *Samuel.* Dieser konnte in sich die Stimme Gottes vernehmen. Es gefiel Samuel nicht, dass viel Volk nach einem König rief. Er sprach: «Euer König ist Gott der Herr!» Aber das Volk begehrte einen sichtbaren König, der unter ihnen regieren sollte. Saul betete zu Gott, er möge ihm eine Weisung geben in dieser Sache. Gott sprach zu Samuel: «Sie sollen ihren irdischen König haben. Es wird ein Zeichen geschehen.» Samuel kannte keinen Menschen, den er von sich aus hätte zum König erheben wollen, und so wartete er auf das verheißene Zeichen.

In diesen Tagen lebte im Stamme Benjamin ein Mann, der heiß *Kis.* Er war wohlhabend an Herden und hatte einen Sohn mit Namen Saul, der alle jungen Männer um einen Kopf überragte. Auch an Schönheit übertraf er alle anderen und war gern gesehen, wo er auch hinkam. Einst sprach sein Vater Kis zu ihm: «Saul, unsere drei Eselinnen sind entlaufen. Nimm einen Knecht mit dir und gehe sie suchen. Füllt genügend Brot in eure Tasche, der Weg könnte weit werden.» Saul und der Knecht zogen über Hügel, suchten im Gebirge. Hie und da, wenn sie jemand antrafen und sie sich nach den entlaufenen Tieren erkundigten, hieß es: «Ja, wir haben Esel gesehen, die einander im Trab gejagt haben.» Saul und der Knecht verfolgten die Spur. Sie freuten sich, wenn sie hin und wieder etwas Eselsmist entdeckten. Die Nacht senkte sich hernieder. Die beiden übernachteten im Freien. Am nächsten Tag zogen sie weiter. Plötzlich verloren sie jede Spur und entfernten sich noch mehr von zu Hause. Am dritten Tag, als sie schon umkehren wollten, sprach ein Wanderer, den sie vergeblich nach den Eselinnen befragt hatten: «In der nächsten Stadt wohnt ein weiser Mann, ein Seher. Er ist Richter und sieht auch verborgene Dinge. Geht ihn fragen. Vielleicht kann er auch verlorene Esel entdecken!»

Als der Wanderer fort war, sprach Saul zu seinem Knecht: «Was haben wir dem weisen Mann zu bringen, wenn wir Rat von ihm wollen? Unser Brot haben wir aufgegessen.» Der Knecht antwortete: «Herr, ich trage in meiner Tasche für die letzte Not immer ein Silberstück. Das kannst du dem Seher schenken, wenn wir von ihm Rat erhalten.» Saul war einverstanden, und sie schritten auf die Stadt zu.

Am Tag zuvor hatte Gott der Herr dem Samuel ein Zeichen gegeben: «Es wird dir am kommenden Morgen beim Tore der Stadt jener begegnen, den du zum König des jüdischen Volkes erheben sollst.»

Schon früh wartete Samuel beim Tore der Stadt. Als nun die hohe Gestalt des Saul durchs Tor hereinschritt, schaute Samuel ihn prüfend an. Siehe, der Unbekannte trat auf ihn zu und fragte: «Herr, könnt ihr mir sagen, wo ich das Haus des Sehers Samuel in dieser Stadt finde?» Der Angesprochene sah ihn heiter an und antwortete: «Ich bin es selbst. Komm mit mir. Ihr beide könnt bei mir essen. Morgen lasse ich euch weiterziehen und werde euch heute über alles Auskunft geben, was euer Herz zu wissen begehrt. Um die Eselinnen, die eurem Vater vor drei Tagen entlaufen sind, sorgt euch nicht; denn sie sind gefunden und wieder zu Hause.»

Saul war erstaunt, wie sicher der Seher das sagte und dass er überhaupt wusste, was mit den Eselinnen los war. Er dachte: Mir scheint, er hat mir noch anderes zu sagen. Doch konnte er niemals wissen, was Samuel mit ihm im Sinne hatte. Samuel nahm die beiden mit sich in sein Haus zum Essen. Saul erhielt beim Mahle den Ehrenplatz oben am Tisch. Er dachte: Ich bin doch nur ein geringer Knecht aus dem Stamme Benjamin; was tut der Seher mir so große Ehre an?

Samuel hatte ein Haus mit flachem Dach, wie es bei allen Häusern des Landes der Brauch war. Eine Treppe führte hinauf auf das Dach. Samuel sprach zu Saul: «Du kannst oben auf dem Dach unter dem Sternenhimmel schlafen, dein Knecht im Stroh bei den Schafen. Ich werde dich am Morgen aufwecken.» Er ließ einen weichen Teppich auf das flache Dach legen für Sauls Schlafstätte. Lange fand Saul keinen Schlaf, dachte über alles nach, was er mit dem Seher gesprochen hatte und was dieser mit ihm wohl noch im Sinne haben könnte, da er ihn so ehrenvoll behandelte. Als die Mitternachtssterne aufstiegen, schlief Saul ein.

Die Morgenröte leuchtete am Himmel. Samuel stieg über die Treppe hoch und weckte Saul. Er hieß ihn aufstehen. Als die aufgehende Sonne ihre ersten Strahlen in den Himmel warf, goss er ihm einige Tropfen mit geweihtem Öl aus einem Fläschchen auf sein Haupt. Er küsste Saul und sprach feierlich: «Gott der Herr hat dich erwählt, dass du ein Fürst werden sollst über das Volk Israel.»

Saul wusste nicht, wie ihm geschah. Samuel fuhr fort: «Wenn du heute von mir weggehst, wird du vor Bethlehem beim Grabe der Rahel zwei Männer treffen. Sie werden dir sagen: ‹Die

Eselinnen sind gefunden; aber dein Vater grämt sich um dich, da du so lange weggeblieben bist.› – Und wenn du weitergehst und zur Eiche Thabor kommst, werden dir drei Männer begegnen: Einer trägt drei Böcklein, der andere drei Leibe Brot, der dritte einen Schlauch Wein. Die werden dich grüßen und dir zwei Brote geben. Nimm sie an! Sodann kommst du in die Stadt Gibea. Dort wird dir eine Schar Priester begegnen. Vor ihnen her ertönen Harfe, Handpauke, Flöte und Zither. Sie singen und tanzen in frommer Verzückung. Geh mit ihnen! Du wirst dich in einen anderen Menschen verwandeln. Am siebenten Tage werde ich dir nachkommen und mit dir Heilsopfer darbringen.»

All diese Worte und Zeichen Samuels fuhren wie Feuerfunken durch Sauls Seele. Als er mit seinem Knecht das Haus verließ, wandelte ihm Gott durch dieses Erlebnis das Herz. Alle Zeichen, die der Seher verkündet hatte, trafen genauso ein: Am Grabe Rahels erfuhr er, dass die Eselinnen zu Hause wären, bei der Eiche Thabor erhielt er die zwei Brote, und in Gibea traf er die Schar der Priester an, mit denen er in Verzückung weiterwanderte. Leute in Gibea, die Saul kannten, sprachen: «Was ist mit Saul, dem Sohn des Kis, geschehen? Ist er auch unter die Propheten gegangen?»

Nach der Opferung, zu der Samuel kam, begab sich Saul wieder nach Hause zu seinem Vater. Die Eselinnen waren alle wieder da. Saul wahrte Stillschweigen über alles, was Samuel ihm anvertraut hatte.

Saul wird König

Samuel, der Seher und Prophet, bestellte die Vertreter der zwölf Stämme zu einer Volksversammlung. Er gab bekannt: Ein König soll auserwählt werden! Zuerst wurden die Lose gezogen, aus welchem der zwölf Stämme der König kommen sollte. Das Los fiel auf den Stamm Benjamin. Im Weiteren wurde das Familiengeschlecht ausgelost. Es fiel auf Matri. Aus diesem musste Mann für Mann das Los ziehen. Es traf Saul, den Sohn des Kis. Der Vater hatte für ihn das Los gezogen, und man suchte nun Saul, der sich beim Gepäck versteckt hielt. Da man ihn nicht gleich fand, sprach Samuel: «Holt ihn beim Gepäck!», und da war er. Man führte ihn vor Samuel, mitten unter das Volk, das er an Größe überragte. Samuel sprach: «Seht ihr, wen der Herr erwählt hat? Seinesgleichen ist nicht im ganzen Volke!» Da jauchzte das Volk und rief: «Es lebe der König!», und viele Männer drängten herbei und sprachen: «Wir wollen deine Diener, deine Knechte sein!» Samuel schrieb ein Königsrecht, wie das Volk dem König zu gehorchen habe und was die Aufgaben eines Königs sind. Er verlas es dem Volk und legte es in die Stiftshütte zu den zehn Geboten.

Von da an beschützte Saul das Volk mit seinen Kriegern, wenn fremde Fürsten und Könige es bedrängten. Oft musste er zu Felde ziehen; doch er siegte über seine Feinde. Diese Erfolge brachten großen Stolz in das Herz von König Saul. Er ließ sich einen Siegesbogen errichten, und er bereicherte sich an der Kriegsbeute. Schließlich ließ er auch um solcher Beute willen das Volk in den Kampf ziehen.

Nach solchen Geschehnissen forderte die göttliche Stimme Samuel auf, einen besseren König zu suchen. Samuel erschrak;

denn Saul hatte im Volk schon große Gewalt. Doch der Herr war unerbittlich: «Fülle dein Horn mit Öl! In Bethlehem wirst du einen der Söhne aus dem Geschlecht der Isai finden, der sei zum künftigen König erwählt. Spende ihm als Zeichen das gesegnete Öl!»

Der Hirte David

Vater Isai hatte acht Söhne. Der älteste hieß Eliab, der jüngste David, er war der Kleinste unter ihnen. Die älteren Söhne trieben Handel, reisten im Lande umher und sagten: «Der jüngste Bruder soll die langweilige Arbeit des Schafehütens tun.» So war David fast immer im Felde zu Bethlehem bei den Herden. Aber ihm war nie langweilig. Er hatte ein offenes Auge, freute sich an der Schönheit der Pflanzen, Kräuter und Blumen. Er liebte die Palmen und Olivenbäume; denn sie gaben ihm kühlenden Schatten. Er kannte die Stimmen der Vögel, bewunderte das Lichtspiel der Wolken und des Nachts die Sterne. Wenn ihn niemand hörte, sang er selbst erfundene Lieder über die schöne Welt. Einmal schenkte ihm der Vater zwei Schafe. David tauschte sie gegen eine kleine Harfe. Nun konnte er zu seinen Liedern die Saiten zupfen. Da es in dieser Gegend möglich war, dass ein Wüstenwolf auftauchte oder ein wildernder Hund, um ein Schaf aus der Herde zu rauben, übte der Hirte David sich jeden Tag stundenlang im Steineschleudern. Als Ziel wählte er einen Feldstein, auf den er einen hellen, kleinen Stein setzte. Bald von nah, bald von fern versuchte er ihn mit einem Schleuderstein herunterzubekommen. Je sicherer er zu treffen vermochte, umso öfter versuchte er es nun auch mit größeren Steinen. Hatte er genug geschleudert, griff er zur Harfe, spielte und sang dazu seine Lieder. So wurde ihm die Zeit nie lang, auch wenn die Brüder ihn wochenlang allein ließen bei den Schafen.

Einmal, als David bei der Palmenhöhle die Harfe spielte, jagten plötzlich die Schafe aus einer Richtung daher. David sprang auf und erblickte einen Löwen, der eben ein Lamm packte. Mit einem Knotenstab rannte David ohne Furcht auf den Löwen zu, der sich anschickte, mit dem Lamm im Maul gemütlich hinwegzutrotten. Mit aller Gewalt schlug der Hirte ihm den Knotenstab über das Haupt. Der Löwe ließ das Lamm fallen. Er schwenkte benommen einige Schritte weiter, und schon sauste ein zweiter Hieb auf seinen Schädel, dass er umfiel und David ihn töten konnte. Das Schäfchen war kaum verletzt. Es erholte sich wieder. Das Löwenfell schenkte David seinem Vater Isai.

Wer soll der neue König sein?

Samuel durfte sich nicht mehr anmerken lassen, dass er einen neuen König suchen sollte. Er sprach zu seinen Dienern: «Besorgt eine junge Kuh und kommt mit mir nach Bethlehem, dass wir dort ein Opfer ausrichten. Ladet zum Opfermahl Isai und alle seine Söhne ein!» So geschah es. Jeder, der am Opfer teilnahm, erhielt Samuels Segen. Isai kam nur mit sieben Söhnen, da der kleine David auf dem Felde bei den Herden war. Als Samuel den ältesten der Söhne erblickte, der von hohem Wuchse war, dachte er: Der könnte es sein. Doch als er ihn segnete, gab Gott kein Zeichen, dass dieser König sein würde, und auch nicht bei den anderen sechs. Samuel fragte Isai: «Sind das der Knaben alle?» Da antwortete der Vater: «Der Jüngste hütet im Felde die Schafe.» Samuel sprach: «Sende hin und lass auch ihn herbeiholen; auch er soll am Opfer teilnehmen.»

Samuel dachte: ‹Der Hirte muss es sein. Wie sieht er wohl aus? Ist er noch größer als die anderen?› Als David ankam, bemerkte Samuel, dass er an Wuchs der Kleinste von allen war. Im Gürtel trug er eine Steinschleuder, auf dem linken Arm eine Harfe. Rotblond schimmerte sein Haar, die Augen glänzten klug und schön; denn sie hatten im Hirtenleben viel Himmelsblau getrunken. Als der kleine, kräftige Bursche vor Samuel trat, sah dieser mit dem Seherauge, dass Davids Seele groß und schön war. Eine innere Stimme sprach zu ihm: «Der ist es, salbe ihn!» Samuel tat dies inmitten aller Brüder, und so kam ein göttlicher Segen über David und blieb auf ihm. Noch ahnte der Jüngling nicht, was mit ihm geschehen sollte. Auch Samuel wusste nicht, wann und auf welche Weise David König werden sollte, und so begab er sich wieder zu seiner Heimstätte nach Rama.

David und Saul

Wegen seines Hochmutes wich immer mehr der göttliche Segen von König Saul. Von Zeit zu Zeit wurde er von Trübsinn überschattet, und es hieß: Ein böser Dämon quält den König! Ein Ratgeber sprach einmal zu ihm: «Saul, du solltest deine Seele mit Musik erheitern. Gewiss gibt es irgendwo im Lande einen Saitenspieler, der dir Musik bringen kann.» Einer von

Sauls Dienern stammte aus Bethlehem. Er kannte Isai und seine Söhne und hatte Davids Harfenspiel gehört. Er sprach zum König: «Herr, ich kenne die Söhne Isais in Bethlehem. David, der jüngste, versteht sich auf das Saitenspiel. Noch ist er ein Jüngling, hütet die Schafe. Er hat tapferen Sinn und ist schön von Gestalt.» Als der König dies vernommen, beauftragte er den Diener: «Geh als mein Bote zu Isai und holte mir den Jüngling mit der Harfe!»

Vater Isai fühlte sich geehrt, als der königliche Bote mit seinem Anliegen kam. Er sandte einen der Söhne aufs Feld mit dem Boten, um David zu holen. Der Weg führte über einige Hügel zu einer schattigen Höhe, wo David gerne weilte. Sie war von schattenden Palmen umwachsen und diente bei schlechtem Wetter auch den Schafen als Unterschlupf. David merkte nichts, als die beiden herannahten, so sehr war er in sein Harfenspiel vertieft. Um ihn lagerten im Schatten die Schafe, und ein Lämmchen ruhte auf seinem Schoße. Der Bote dachte: ‹Wenn David dem König solchen Frieden bringt, wie er hier waltet, wird seine Seele wieder gesund!› Plötzlich hielt David inne, denn ein Schaf blökte auf. Der Bote trug seine Bitte vor, und Davids Bruder bestätigte den Auftrag des Vaters, dass er ihn abzulösen hätte. David erschrak ob dieser Kunde. Er fragte: «Wie lange soll der Dienst beim König sein? Darf ich auch von Zeit zu Zeit zu den Schafen zurück?» Der Bote antwortete: «Das musst du alles mit dem König besprechen!» So übergab denn David seinem Bruder den Hirtenstab, wie der Vater befohlen hatte, und begleitete den Boten. Kaum waren sie ein kurzes Stück des Weges gegangen, da eilte David zurück zur Höhle und holte seine Steinschleuder, die er an einem Busch aufgehängt hatte. Er steckte sie in seinen Gürtel.

Zum Boten sprach er: «Darf ich am Königshof auch Steine schleudern?» Der Bote lachte. «Draußen im Felde kannst du das gewiss tun; aber die Krieger des Königs schießen mit Pfeilen und werfen Lanzen und nicht armselige Steine!»

Also kam David an den Königshof. Saul bekam die Meldung, der Saitenzupfer sei angekommen. Eben lag über dem König trüber Sinn. Er hatte einem Diener den Krug an den Kopf geworfen, aus dem dieser ihm Wein anbot. Trotzdem ließ Saul den Jüngling vor sich treten. Beim Anblick des schönen David, der ihm so offen und frei in die Augen schaute, schlug Saul seinen Blick zu Boden und murrte: «Spiel ein Lied!» David setzte sich auf den bunten Teppich nieder. Einige tiefe Töne erklangen und höhere wogten darin, als ob der Wind im Palmenbaum rauschte. Und plötzlich war es David, als säße er mitten unter seinen Schafen. Er hatte die Augen geschlossen, und leise sang er ohne Worte in die Töne der Saiten. Saul erhob seinen Blick, sah Davids zartes Bewegen der Finger, seine von der Sonne gebräunte Hirtengestalt, die rötlichblonden Haare … Des Königs Herz öffnete sich. Ein Friede kam über ihn, wie ihn seine Seele schon lange nicht mehr kannte. Mit Erstaunen sahen die Diener: Der König lächelte. Von Stund an schloss ihn der König in sein Herz. Als David innehielt, verwundert umherschaute und seinen Blick zu Saul erhob, wichen dessen Augen nicht mehr aus. Er dankte nickend mit dem Haupte und fragte: «Warum trägst du eine Steinschleuder in deinem Gürtel?» David antwortete: «Gar oft musste ich draußen im Felde wilde Hunde und einmal sogar den Wolf und einen Löwen verscheuchen. Da habe ich gut zielen und treffen gelernt!» Saul sprach: «Wenn dir das Kämpfen liegt, darfst du mein Waffenträger sein, wenn ich ins Feld ziehe.»

So freundete sich Saul mit seinem Saitenspieler an, und wenn der König ausritt, trug ihm David Schild und Speer.

Von Zeit zu Zeit kam das Heimweh über David. Er sehnte sich, Bethlehem wiederzusehen und bei den Schafen zu weilen. Ihm schien auch, sein Harfenspiel brauche frischen Wind in die Saiten, den Wind der Palmen, der Olivenbäume. Eines Tages, als Saul heiteren Sinnes war, fragte David: «Herr König, darf ich von Zeit zu Zeit nach Bethlehem gehen und ein wenig nach meinen Schafen sehen?» Saul war gnädig und sprach: «Das darfst du; aber weile nicht zu lange; denn ich kann dein Spiel und deine Lieder nicht entbehren.» Für David war es eine große Freude, seine Schafe und Lämmer wieder zu streicheln, bei der Schattenhöhle zu spielen und zu singen. Spätestens nach sieben Tagen kehrte er jeweils wieder zurück und war des Saul Sänger und Diener.

David und Goliath

Das Nachbarvolk der Philister bedrohte Israel mit Einfällen und erhob ein Kriegsgeschrei. Saul musste ein Kriegsheer aufstellen, um sein Volk verteidigen zu können. Drei Brüder des David waren auch Soldaten geworden, um gegen die Philister zu kämpfen. Als David wieder einmal die Schafe hütete, kam der Vater auf einem Esel zu ihm ins Feld und sprach: «David, zu mir ist die Kunde gekommen, dass die Philister ins Land eingefallen sind. Saul musste ins Feld ausziehen mit seinen Kriegern. Mach dich auf, nimm Brot, Käse und geröstetes Korn mit dir, bringe es deinen Brüdern ins Feld, dass sie nicht Mangel leiden.»

David überließ die Schafe einem anderen Hüter. Zu Hause bepackte der Vater ihn mit Vorräten. Er wanderte damit ins Therebinthental, wo Saul und seine Krieger lagerten. In die Nähe des Heeres gekommen, hörte er viel Rufen, Geschrei und Waffengeklirr. Eben stellten sich Sauls Krieger in Schlachtordnung auf, um den herannahenden Philistern zu begegnen. David legte sein Gepäck ab, übergab es den Wächtern. Im Heer suchte er seine Brüder auf und begrüßte sie. Während er noch mit ihnen redete, löste sich aus dem Heer der Philister ein riesengroßer Krieger. Das war der Riese *Goliath*. Auf dem Haupte trug er einen eisernen Helm. Der Leib war mit einem Schuppenpanzer geschützt, die Beine mit eisernen Schienen. Goliath rief mit brüllender Stimme zu den Israeliten hinüber: «Verdammte Feiglinge, elende Saul-Knechte, ihr schmutzigen Israeliten! Schickt euren stärksten Krieger mir entgegen, dass wir einen Zweikampf ausfechten, bevor wir euch alle niederhauen und auf euren Knochen tanzen.»

Als Sauls Krieger diese Schmähworte hörten und den gepanzerten Riesen vor dem Heer erblickten, verzagten sie und gerieten in Furcht. Goliath kam noch einige Schritte näher und schwang drohend seinen baumhohen Speer. Viele der Krieger Sauls wichen zurück. David sprang hin zum König und rief: «Soll dieser Fleisch- und Knochenklumpen Israel, das Volk Gottes, ungestraft verhöhnen? Wenn niemand von deinen Kriegern gegen ihn losgeht, will *ich* es tun und mit ihm kämpfen. Wenn ein Löwe oder ein Bär in meine Herde fiel, erschlug ich sie, und der Herr hat mich vor der Tatze des Löwen gerettet! Lass mich gegen den Philister kämpfen!»

David sprach wie von Feuergeist erfüllt. Saul war durch seine Worte so ermutigt, dass er sprach: «So gehe hin und kämpfe. Der Herr wird mit dir sein!» Nach diesen Worten zog der

König David seine eigene Rüstung an. Er setzte ihm den ehernen Helm auf und gürtete ihm sein Schwert um. David hatte noch nie in einer solchen Rüstung gesteckt und konnte sich darin nur mühsam bewegen. Sie war ihm auch zu groß. Er sprach zu Saul: «So geht es nicht. Ich muss mich frei wie ein Hirte bewegen können.» Er legte alles wieder ab, nahm seinen Stecken und die Schleuder. In seine Tasche steckte er fünf flache Steine. So trat er dem Philister entgegen.

Goliath sah den rotblonden Burschen herannahen; er grinste und grölte: «Bin ich denn ein Hund, dass du mit einem Stecken zu mir kommst? Du verdammte Jehova-Brut! Komm her, ich will dein Fleisch an die Vögel des Himmels und an die Wüstenfüchse verfüttern!»

Als David den Namen Gottes so lästern hörte, rief er zu Goliath hinüber: «Du kommst mit Schwert und Wurfspieß; ich komme im Namen Gottes, den du verhöhnst. Was du mir tun willst, soll an dir geschehen!» Jetzt gab Goliath ein wütendes Angriffsgebrüll von sich und kam mit Riesenschritten dahergelaufen. David ließ seinen Hirtenstab fallen, griff in die Tasche, legte einen tüchtigen Stein auf die Schleuder. Mit gewaltigem Schwung sauste der Stein durch die Luft und traf Goliath an der Stirn gerade zwischen den Augen. Einen Moment bäumte sich der Riese auf, ließ die Lanze fallen und stürzte zu Boden auf sein Angesicht. Rasch eilte David hinzu, zog ihm das Schwert aus der Scheide und hieb ihm den Kopf ab.

So rasch hatte sich alles abgespielt, dass auf beiden Seiten die Kriegsleute verstummten und atemlos hinschauten. Jetzt aber erhob sich bei den Israeliten ein gewaltiges Jubelgeschrei. Die Philister, als sie ihren Goliath geköpft am Boden liegen sahen, begannen zu fliehen. Das Jubeln der Israeliten ging über in ein Feldgeschrei. Sie verfolgten kämpfend die Philister und errangen den vollen Sieg.

David packe des Goliath Kopf, ergriff sein Schwert und trug beides zu Saul. Als er zum König kam, war Jonathan, dessen Sohn, in heller Begeisterung für David. Er war gleich alt wie dieser und hatte ihn im Kampfe bewundert. Als David nun Schwert und Kopf des Goliath vor Saul niederlegte, umarmte ihn Jonathan und sprach. «David, lass mich dein Freund sein! Du bist mir lieb wie mein eigenes Leben.» Saul lobte Davids Heldentat und sprach: «Nun sollst du nimmer zu den Schafen gehen und immer um mich bleiben. Wenn die Philister wieder kommen, hilfst du, ihnen zu wehren!» Jonathan legte seinen Mantel ab und befestigte ihn um Davids Schultern. Da er einen Freundschaftsbund fürs Leben mit ihm schließen wollte, schenkte er ihm auch sein Schwert, seinen Bogen und seinen Gürtel.

Nach diesem Sieg zog das Kriegerheer gegen Jerusalem. Haupt und Schwert des Goliath wurden vorangetragen. Frauen kamen ihnen entgegengezogen, spielten Zimbeln, sangen und tanzten:

Saul hat Tausende erschlagen,
David aber Zehntausende!

Das ergrimmte Saul, dass David höhergestellt wurde, und er beneidete ihn, dass ihm mehr Ehre zukam als ihm, dem König. Um ihn fest an sein Haus zu binden, gab Saul dem David seine Tochter Micha zur Frau.

Eines Tages kam ein böser Geist über Saul, der wollte David töten. Saul gebärdete sich im Königssaale wie wild, fuchtelte mit seinem Speer in der Luft herum und schrie seltsame Namen. David wurde geholt, um für den König zu spielen und ihn zu besänftigen. Als er zu spielen anfing, beruhigte sich der Tobende, doch den Speer legte er nicht aus der Hand. Mitten im Harfenspiel warf Saul gezielt den Speer gegen David. Noch im letzten Augenblick konnte dieser ausweichen, sonst hätte ihn das Eisen durchbohrt. Die Lanze fuhr in die Wand und blieb dort stecken. David entfloh in sein Haus.

In der Nacht sandte Saul Boten zum Hause Davids. Sie sollten den Eingang bewachen. Wenn David am Morgen das Haus verlassen würde, so lautete der Befehl, sollten sie ihn fesseln und vor Saul bringen. Das hatte ihm der böse Dämon eingeflüstert: denn David sollte getötet werden.

In der Nacht, als alles schlief, hörte Micha draußen ein Geräusch. Sachte schob sie einen Vorhang zur Seite und gewahrte im Schimmer der Nacht die Waffenknechte ihres Vaters. Sie weckte David auf und flüsterte: «Steh auf und flieh! Man will dich morgen abfangen und töten! Schon liegen die Waffenknechte vor dem Haus auf der Lauer. Hinten beim Fenster kannst du an einem Strick herabklettern. Bringe dich in Sicherheit!» David fand die Rede klug. Unbemerkt flüchtete er und begab sich zu Samuel, um von ihm Rat zu holen.

Vergebens warteten am anderen Morgen Sauls Boten auf David. Er kam nicht zum Tor heraus. Als sie schließlich ins Haus eindrangen, war der Gesuchte nicht mehr da.

Jonathan, der Sohn Sauls, der David liebte, erfuhr, dass sein Vater Davids Tod beschlossen hatte. Er traf sich mit ihm insgeheim und sprach: «David, mit dir habe ich Lebensbruderschaft geschworen. Ich rate dir: Meide meinen Vater. Er ruht nicht, bis sein Dämon dein Blut fließen sieht!» Die beiden küssten einander und weinten, dass ihre Freundschaft von so dunklen Schatten verdüstert wurde.

In der Höhle

Einst weilte David mit einer Schar von Waffenknechten, die ihn vor Saul schützen wollten, in einer Höhle bei Engedi. In der Nähe kam Saul mit seiner Kriegerschar vorbeigezogen. Plötzlich sprach Saul: «Dort drüben ist eine Höhle. Ich will mich für eine Weile dorthin begeben. Lagert euch hier und wartet auf mich.»

David und seine Gesellen hatten dies bemerkt. Einer meinte: «Sieh, David, dein Todfeind kommt ohne Waffen auf unser Versteck zu. Jetzt gibt ihn der Herr in deine Hand. Du kannst ihn töten.» David erwiderte: «Nie werde ich Hand an einen Gesalbten des Herrn legen! Dass keiner hingehe und ihm ein Haar krümme!»

Als Saul im Dunkel der Höhle seine Notdurft verrichtet hatte und wieder hinausgehen wollte, kam von hinten David und trat neben ihn, das blanke Schwert in der Hand. Er verneigte sich vor Saul und sprach: «O König, warum hörst du auf die Stimmen, die sagen, David wolle dein Verderben? Der Herr hat dich heute vor mein Schwert geführt; aber nie werde ich Hand an den Gesalbten des Herrn legen!»

Saul war vor Schreck totenblass, zitterte am ganzen Leibe. Keinen Schritt konnte er vom Platze weichen. David verneigte sich wiederum vor dem König. Endlich fand dieser Worte: «David, mein Sohn! Du bist gerechter als ich; denn du hast mir Gutes getan. Ja, ich weiß wohl, du wirst einst König werden über Israel. So schwöre mir denn, dass du meine Nachkommen und meinen Namen nach meinem Tode nicht ausrotten und austilgen wirst.» Da schwor David, es so zu halten.

Saul weinte, und David hielt ihn in seinen Armen, als ob es

Jonathan, sein Freund, wäre. Da wich der böse Geist von Saul, und der König begab sich zu seinen Kriegern zurück, die von dem allem nichts bemerkt hatten. Davids Genossen aber, die Zeugen dieser Königsbegegnung waren, sprachen untereinander: «Kommt mit David ein neues Gesetz der Großmut in die Welt? Soll man dem Übeltäter verzeihen? Denen Gutes tun, die uns verfolgen? Die Feinde lieben?»

Als David zu seinen Gesellen hinten in die Höhle zurückkehrte, waren alle verstummt. Er aber sprach zu ihnen: «Lasst uns aufbrechen gegen Rama!» Auf dem Wege dahin vernahm David, dass Samuel, der Seher und Prophet, gestorben war, gerade an dem Tag, da er sich mit Saul in der Höhle versöhnt hatte.

Sauls und Jonathans Tod

Nicht lange danach wollten die Philister Rache an Israel nehmen. Rache für Goliath! Saul musste mit seinem Heer und mit seinen Söhnen ins Feld ziehen zum Gebirge Gilboa. David selbst war zu dieser Zeit gegen einen Einfall der Amalekiter ausgerückt. Mitten in der Schlacht machten die Philister einen Angriff auf Saul und seine Söhne. Der König wurde von einem Bogenschützen getroffen, Jonathan und seine Brüder, die Söhne Sauls, erschlagen. Saul rief seinem Waffenträger zu: «Zieh dein Schwert und durchstoße mich, dass die Philister nicht ihr Gespött mit mir treiben können!» Der Waffenträger wollte es nicht tun. Da stürzte Saul sich in sein eigenes Schwert und gab sich den Todesstoß. Sein Waffenträger starb neben ihm. Als die Krieger Israels sahen, dass ihr König und seine

Söhne tot im Felde lagen, begannen sie zu fliehen. Der Sieg blieb bei den Philistern.

Zur selben Zeit hatte David in einer ferneren Gegend die Amalekiter erfolgreich zurückgedrängt. Ein flüchtiger Krieger meldete ihm Sauls Niederlage und Tod. Er überbrachte den goldenen Stirnreif des Königs, den er hatte retten können, und seine goldene Armspange. Als er berichtete, wie Sauls Söhne und darunter auch Jonathan getötet wurden, zerriss David im Schmerz sein Kleid. Er hielt Totenklage um Saul, seine Söhne und die gefallenen Krieger. David sang das Trauerlied:

Wehe Israel: Deine Helden sind gefallen,
Saul und Jonathan, die Geliebten,
im Leben und im Tode ungetrennt,
gefallen mitten im Streit.
Weinet, ihr Töchter Israels!
Um dich, meinen Bruderfreund, Jonathan,
ist mir leid; du warst mir so hold.
Deine Liebe war mir köstlicher
als Frauenliebe.
Wehe Israel, deine Helden sind dahin!

David als König

Nach dem Tode Sauls erhob das Volk David zum König. Er zog nach Jerusalem und machte diesen Ort zur Königsstadt. In der ersten Zeit seiner Regierung musste er von Zeit zu Zeit gegen die Philister und andere Stämme ausziehen. Er schlug sie alle zurück.

Hieram, der König von Tyrus, sandte David Handwerker und Bauleute, die ihm einen schönen Königspalast bauten.

Neben der Stadt Jerusalem ließ David auf dem Berge Zion ein kostbares Zelt für die Bundeslade und die heiligen Geräte errichten, ganz nach Vorbild und Maß der Stiftshütte. Die Priester weihten das neue, heilige Zelt. Tausende nahmen am Weihefest teil. Es erschallten die Gesänge, es ertönten die Instrumente, und der Opferrauch stieg tagelang mit den Gebeten zum Himmel. König David war es, der die Lob- und Bittgesänge dichtete. Einsam und allein hatte er einst als Hirte zu Bethlehem seine ersten Lieder zur Harfe gesungen. Gewaltig dröhnten jetzt die Chöre aus tausend Kehlen zu Jerusalem:

Danket dem Herrn,
ruft seinen Namen an,
tut kund den Völkern seine Taten!
Singet ihm, spielet ihm,
redet von seinen Wundern …
Fest steht der Erdkreis,
er wanket nicht.
Es donnert das Meer
und was es erfüllt!
Es jubelt das Feld
in der Blumen Pracht!
Es jauchzen die Bäume des Waldes!
Danket dem Herrn,
denn er ist freundlich,
und seine Güte währet ewiglich!

Die große Versammlung

Vierzig Jahre hatte David regiert. Sein Ansehen und sein Reichtum mehrten sich zu Jerusalem. Da berief er alle Fürsten Israels, die Oberhäupter der zwölf Stämme, die Anführer im Felde und die hohen Beamten des Reiches. Als sie sich versammelten, sprachen sie untereinander: «Was will wohl David mit uns besprechen? Hat der König neue Sorgen?» Und sie rätselten hin und rätselten her. Die Drommeten erschallten und geboten Ruhe. König David erhob sich inmitten der Versammlung. Er sprach: «Hört mich, meine Brüder, mein Volk! Seit langer Zeit habe ich Vorbereitungen getroffen, das heilige Zelt auf Zion in einen festen Tempel umzuwandeln. Er soll errichtet werden zu Jerusalem. Gott der Herr aber hat zu mir gesprochen: ‹Du sollst meinem Namen kein Haus bauen; denn du hast in Kriegen viel Blut vergossen. Dein Sohn Salomo soll es tun, er soll den Tempel errichten und nach deinen Erdentagen König sein!› So habe ich es vernommen von Gott, und euch will ich das heute auftragen.»

Alle Fürsten, Anführer und Beamten stimmten zu und bestätigten Salomo als den Nachfolger von David.

In dieser Nacht erschien ein Engel Gottes dem Salomo. Er sprach zu ihm: «Salomo, du darfst vor Gott eine Bitte tun. Was soll er dir schenken?» Salomo antwortete: «Der Herr gebe mir Weisheit und Einsicht, dass ich das große Volk gerecht zu leiten vermag!» Dies ging in Erfüllung, und Salomo ließ nach dem Tode seines Vaters David als neuer König den Tempel zu Jerusalem erbauen. Es hieß: In diesem Tempel wird dereinst der Messias, der kommende Erlöser, sein Wort verkünden. Er wird der Menschheit helfen, die guten Wege zu gehen, das Üble immer mehr zu überwinden.

Davids Traum

In seinen letzten Erdentagen hatte David einen seltsamen Traum. Er sah seine beiden Söhne *Salomo* und *Nathan* im Felde von Bethlehem schlafend auf der Erde liegen. Aus eines jeden Leib wuchs ein Baum aufwärts. Jedes Mal, wenn ein neuer Ast hervorsprosste, ertönte der Ruf eines Namens. Bei Nathan begann es mit: Matthata, Menna, Melea und bei Salomo mit Rehabeam, Abia, Asaph … Je höher die beiden Bäume wuchsen, umso mehr verklangen die Namen. Als ihre Wipfel den Saum des Himmels berührten, glänzte ein Stern auf, hell wie eine Sonne. In seinem Lichte neigten sich die beiden Bäume zueinander. Ihre Äste wuchsen ineinander zu einem einzigen Weltenbaum. Es sang aus Engelschören. Vom Stern tropfte ein Lichtregen in den Baum, und der Baum trug ungezählte kleine Flämmchen.

Als David aus dem Traum erwachte, sann er über das Erschaute nach. Friede breitete sich über seine Seele, wie er ihn einst beim Spiel der Harfe in Bethlehem erlebt hatte. David sprach bei sich selbst: «Nun kann ich getrost sterben. Meine Kinder und Kindeskinder werden dereinst das Licht des Messias erschauen!»

Davids Psalmen

Hundertfünfzig Lieder und Psalmen hat man von den Dichtungen Davids überliefert. Und ohne ihn wären in der Welt das Wort und das Lied viel schwächer geblieben. Hier ein Teil aus dem 104. Psalm:

Lobe den Herrn, meine Seele,
lobe das Licht, sein göttliches Kleid.
Du breitest den Himmel wie einen Teppich,
fährst auf den Wolken als Himmelswagen,
getragen von Engeln im Winde.

Feuerflammen sind deine Diener,
fest in der Tiefe gründet das Erdreich.
Die Urflut deckte der Erde Kleid,
und über den Bergen standen die Wasser.
Vor deines Donners Stimme wich es zurück,
erhoben sich Hügel und Berge
und senkten sich Täler und Tiefen.
Da sprießen Gräser der weidenden Herde.
In goldenen Ähren reifet das Brot.
Singet, ihr Vögel! Hüpfet, ihr Lämmer!
Kreise, o Adler, in hoher Luft!

Du hast den Mond erschaffen, zu teilen das Jahr.
Die Sonne weiß Auf- und Niedergang.
Nächtlich regen sich wilde Tiere,
der Löwe brüllet im Raub.
Wenn aber die Sonne aufersteht,
heben sie sich davon in ihre Höhlen.
Aufrecht schreitet der Mensch ans Tagwerk.

Herr, wie sind deine Werke so groß und viel,
du hast sie alle weislich geordnet,
und die Erde ist voll deiner Güte!

Nachwort

Der Autor dieser biblischen Erzählungen hatte während einer Anzahl von Jahren Schulkinder in die Welt des Alten Testaments einzuführen. Aus dieser Erfahrung entstanden die vorliegenden Texte. Sie schließen sich an die vorangehenden Erzählungen von der Weltschöpfung bis zur Arche Noah an, die unter dem Titel «Und es ward Licht» erschienen sind. Neben den biblischen Quellen dienten ihm auch apokryphe Texte, vorab die von Bin Gorion gesammelten «Sagen der Juden». In Form und Gestalt frei dichterisch, in der inneren Haltung den Quellen gegenüber verpflichtet, möchten diese Erzählungen mithelfen, der heutigen Jugend Bilder und Geschehnisse nahezubringen, die an der abendländischen Kultur mitgebaut haben.

Jakob Streit

Weitere Bücher von Jakob Streit

Ich will dein Bruder sein

Die schönsten Legenden neu erzählt.
Mit Scherenschnitten von Roland Marti.
150 Seiten, gebunden.
ab 8 Jahren

Kleine Biene Sonnenstrahl

Ein Bienenmärchen.
Mit Illustrationen von Vernea Knobel.
64 Seiten, gebunden.
ab 8 Jahren

Das Bienenbuch

Mit Illustrationen von Jesus Gabán.
97 Seiten, gebunden.
ab 9 Jahren

Weitere Bücher von Jakob Streit

Und es ward Licht

Von der Weltschöpfung zur Arche Noah.
Mit Illustrationen von Assja Turgenieff.
121 Seiten, gebunden.
ab 9 Jahren

Lasst uns den Tempel bauen

Der Weg des Volkes Israel von König Salomon bis zu Johannes dem Täufer.
Mit Illustrationen von Herbert Holzing.
88 Seiten, gebunden.
ab 9 Jahren

Kindheitslegenden

Kindheit und Jugend Jesu.
Mit Illustrationen von Assja Turgenieff.
135 Seiten, gebunden mit.
ab 9 Jahren

Weitere Bücher von Jakob Streit

Sankt Nikolaus

Mit Illustrationen von Georges A. Feldmann.
48 Seiten, gebunden.
ab 6 Jahren

Miriam zu Bethlehem

Eine Legende.
Mit Illustrationen von Christiane Lesch.
28 Seiten, gebunden.
ab 8 Jahren

Das Osterlamm

Eine Legende.
Mit Illustrationen von Christiane Lesch.
38 Seiten, gebunden.
ab 8 Jahren

Verlag Freies Geistesleben

Weitere Bücher von Jakob Streit

Louis Braille

Ein blinder Junge erfindet die Blindenschrift.
Mit Illustrationen von Christiane Lesch.
112 Seiten, gebunden.
ab 9 Jahren

Unsichtbare Wächter

Berichte von seltsamen Schicksalserlebnissen.
Mit Illustrationen von Christiane Lesch.
96 Seiten, gebunden.
ab 11 Jahren

Milon und der Löwe

Eine Jugenderzählung aus der Zeit
des frühen Christentums.
Mit Illustrationen von Werner Fehlmann.
200 Seiten, gebunden mit Schutzumschlag.
ab 12 Jahren

Verlag Freies Geistesleben